船津 明生
Akio Funatsu

JN082885

日本語の音声

言語聴覚士のための
「音声学」入門

三恵社

目　次

はじめに ・・・・・・・・・・・・・・・・・・・・・・・ 2

第1章：音声学概論 ・・・・・・・・・・・・・・・・・ 5

　　1-1　音声とは？そもそも音とは何か？
　　1-2　音声とコミュニケーション
　　1-3　音声学と言語学

　　コラム①「音声学の認知度」

第2章：言語音を作る仕組み ・・・・・・・・・・・・ 11

　　2-1　音声が作られるための3要素
　　2-2　音声器官について
　　2-3　呼吸について
　　2-4　発声、声帯について
　　2-5　調音、調音器官について

　　コラム②「歌うこと、声帯」

第3章：母音について ・・・・・・・・・・・・・・・ 21

　　3-1　母音と子音の違い
　　3-2　母音の音質を決める3要素
　　3-3　基本母音

　　コラム③「開音節と閉音節」

第4章：子音について ・・・・・・・・・・・・・・・ 27

　　4-1　子音の音質を決める3要素
　　4-2　調音点
　　4-3　調音法
　　4-4　音声表記

第5章：日本語の音、ア行～ワ ・・・・・・・・・・・ 33

　　5-1　「硬口蓋化」について
　　5-2　ア行
　　5-3　母音の無声化
　　5-4　カ行、ガ行

　　コラム④「絶滅危惧種＜鼻濁音＞」

5-5 サ行、ザ行

5-6 タ行、ダ行

5-7 ナ行

5-8 ハ行、パ行、バ行

コラム⑤「P音考、唇音退化、ハ行転呼」

5-9 マ行

5-10 ヤ行

5-11 ラ行、ワ

第6章：その他の音 ・・・・・・・・・・・・・・・・・・・ 48

6-1 拗音

6-2 撥音

6-3 促音

6-4 引く音

6-5 外来語の音

第7章：音韻論 ・・・・・・・・・・・・・・・・・・・・・ 57

7-1 音声学と音韻論

7-2 音素と異音

7-3 日本語の音素

第8章：拍と音節 ・・・・・・・・・・・・・・・・・・・ 60

8-1 拍

8-2 音節

8-3 母音の連続

8-4 フット

第9章：プロソディ ・・・・・・・・・・・・・・・・・・ 64

9-1 アクセント

9-2 イントネーション

9-3 プロミネンス、その他

コラム⑥「あったかい？」

第10章：その他 ・・・・・・・・・・・・・・・・・・・・ 73

10-1 連濁

10-2 音便

10-3 母音の交替、連声、その他

参考文献、国際音声記号 ・・・・・・・・・・・・・・・・ 82

はじめに

　私は、「音声学」の講義のかたわら、仕事で良い結果を出すための「声」の出し方、「声」が対人関係にいかに影響を及ぼし、不思議なパワーを持っているかなどを解説するセミナー。そして実際に身体を動かしヴォイストレーニングをするワークショップなどを主催しています。そして、そういった「声」のセミナーやワークショップで、私は必ず最初に参加者のみなさんにこういう質問をします。

　「みなさん、声って何ですか？」

　あまりにもわかりきったことを聞かれ、思考停止になる人もいらっしゃって、それなりに楽しい時間なのですが、「声」のことをきちんとわかっていただきたくて、いつも聞いています。

　広辞苑には「人や動物が発声器官から出す音、音声」とあります。常日頃お世話になっているウィキペディアにも、「**声**（こえ）とは、ヒトを含む動物の発声器官（主として口、喉）から発せられる音（おと）のことである」とあります。

　「では、言葉とはなんでしょう？」

　次にこんな質問を投げかけると、「情報や感情を伝えるもの」とか、「コミュニケーションの道具」といった答えが返ってきます。広辞苑にも、「ある意味を表すために、口で言ったり字に書いたりするもの」とあります。でも、ちょっと抽象的ですね。「言葉とは何か？」、もっとシンプルに具体的に考えて欲しくて、こういう質問をします。

　そもそも今みなさんが読んでいるこの本は何について書いてある本でしょう？

　そうです。「言葉」とは物理的な「音（おと）」なのです。「言葉」を研究する学問である「言語学」でも、「言葉とは意味を音声によって伝達する手段である」[1]と定義されています。

　みなさんが「言葉」を使って「情報や感情を伝えて」いるとき、また「コミュニケーションの道具」として使っているとき、「音（おと）」を発してやりとりしているわけですね。[2]

　そして、「声」とは「言葉」を伝える「媒体」ともいえるわけです。

　もうひとつの「言葉」を伝える「媒体」として「文字」がありますが、毎日筆談しているわけではありません。ヒトは、「音」を出して意思の疎通を図っているわけです。

---

[1]　町田健・籾山洋介『よくわかる言語学入門』バベルプレス、1996年

[2]　ここで「音（おと）」「音（おん）」を区別しておきたいと思います。「音（おん）」は、音声器官によって発せられ，言語に使用される「音」のことを指し，物理的な総称としての「おと」と区別します。「言語音（げんごおん）」など。

実は、世界には「文字」の数より「言語」の数の方が圧倒的に多いのです。オリジナルの「文字」を持たない「言語」がたくさんある。つまり「ヒトの言語」というものは、まず「音声言語」が先にあり、そこから文字が作り出されてきたのです。

　太古の昔から、ヒトは「音」を発して意思の疎通を図ってきました。つまり私たちは、毎日「声」という「音」を出してコミュニケーションしているのです。

　この本は、「日本語の音声」について解説しています。日本語の発音、いわゆる日本語の音はどのようなやり方で、そしてどのような器官を使用して作られているのかを具体的に学んでいきます。そして、音声学の基本をふまえた上で、人間が作り出す「音」のメカニズムを理解していきます。

　この本で、以下のことについて理解を深めることができます。

①日本語の音声について、新しい角度から知見を得る。

　「声」をどうやって出しているのか、そもそも「声」とは物理的にどういうものなのか、普段意識していない、何も考えずにできている、「日本語の音声を発する」とはどういうことなのかに関して新しい知見を得ます。

②日本語の音声について、使用する器官、発声の仕方を知る。

　生まれてからこのかた、「声」を出すことが当たり前で、日本語の発音は誰でもできると思っています。身体のどの部分がどのように働いて「声」が出ているのかを学びます。

③日本語の音声学の基本的な理論を覚え、解説できるようになる。

　①や②のようなことが、「音声学」という学問として、きちんと理論づけられています。音声学の基本的な理論を知り、自分でも解説できるようになります。

④音声学の理論を用いて、音声生成の現象を説明できるようになる。

　日本語の音を聞いて、それがどういう作用でどういう器官が働いているのか、理論に基づいて実際に耳で聞いた音声現象を解説できるようになります。

⑤人間の音声生成について、そのメカニズムを理解できる。

　人間が音声を発するのはどういうメカニズムによるのか、その全体像を知ることができます。

　副題にもあるように、この本は主に「言語聴覚士」の国家試験を目指す人たちに向けて書かれたものです。言語のリハビリを行う「言語聴覚士」にとって、日本語の発音、日本語の音声の基礎知識は欠かせません。音声器官の名前や、音声記号、口腔断面図など、覚えることが多くて大変かもしれませんが頑張ってください。

そして、世の中に『音声学入門』という本は数多くあるにもかかわらず、私がこの本を書いた理由は、音声学をこれから本格的に勉強するわけではないけれど、「音声学」の基礎知識が必須である、そういった方々に、特に「言語聴覚士」を目指す人たちに、「音声学」の初歩をきちんと理解していただきたいと思ったからです。

　なるだけわかりやすくシンプルな解説を心がけたつもりです。そしてひとつのトピックに細かく立ち入ることもできるだけ避けています。詳細な解説が必要だと思ったら、巻末にリストアップしている、該当の参考文献をぜひ読んでみてください。

　私は言語聴覚士を養成する学校で長く「音声学」を教えてきました（今も教えています）。言語聴覚士の仕事は、とても素晴らしい仕事だと思っています。なんかややこしいな、覚えることが多くて大変だな、と思われている「音声学」を（私は全然そんなふうに思ったことはないですが）、この本で「楽しく」勉強していただけたら嬉しいです。

2019年3月

船津明生

1 音声学概論

1−1　音声とは？そもそも音とは何か？

「音声」の説明に入る前に、そもそも「音」とは何かを簡単におさらいしておきましょう。

▶「音」とは

「音は、音波そのもの、または音波によって引き起こされる聴覚的な感覚」であり、「音波とは、弾性を持った媒質中を伝わる弾性波である」とされています。さらに、「弾性とは、力を加えると変形し、力を取り去ると元の形に戻ろうとする性質。気体、液体、固体を問わずこの性質を持った物質を弾性体という。弾性波とは、弾性体に加わった力やそれによる変形が伝搬する物理現象のこと」と定義されています[3]。

まず、「水」でイメージするとわかりやすいでしょう。お風呂の中で手を横に動かすと、水が盛り上がり、それがまた元に戻ろうとする動きが生じます。水は弾性体です。そしてその動き、力が湯船の端にまで伝わっていくのが観察できます。

池の真ん中に石を投げ込んでみると、そこを中心に、投げ込まれた石が水に与えた力が同心円状に、「波」となって広がっていくのを見ることができます。

私たちの周りにある空気も「弾性体」です。普段、空気が弾性体であることを意識することはほとんどありませんが、たとえば、自転車のタイヤに空気を入れているところをイメージしてください。空気が満タンになると押し込んでいるレバーが押し戻される感触がありませんか？つまり、空気も力を加えると変形し、元の形に戻ろうとする「物質」なのです。

先ほどの、池に投げ込まれた石によって生じる波のイメージは、いわば二次元ですが、ある力が空気に加えられると、その部分から立体的に（三次元的に）波が広がっていく感じです。その波が私たちの耳、鼓膜を震わせ、聴覚的な何かしらの感覚が生じる。これが「音」の正体であり、私たちが「音」を聞いているという現象です。

ちなみに、私たちが聞くことができるのは、通常下は 20 ヘルツ程度から上は 20,000 ヘルツ

3　平原達也・他『音響学入門シリーズ A-3 音と人間』コロナ社、2013 年

程度までの「鼓膜振動」を「音」として感じることができるとされています。（ヘルツという単位は 1秒間に1回の周波数・振動数のことです）

　では、どのようにして音の「波」ができるのでしょうか？

▶音波が発生する仕組み

物体の振動:

　ある物体が振動すればその周りの空気も振動します。

　たとえば、スピーカーの振動板などがわかりやすいでしょう。カバーを取り去ったスピーカーの前面についている「コーン（円錐型の振動板）」を、音が出ているときに見たことがありますか？とても激しく動いています。

　打楽器はわかりやすいですね。太鼓を叩くとその皮の表面が凹み、そして戻るときに皮の周辺の空気に圧力差が生じて、圧縮された部分（密な部分）と、薄くなる部分（疎な部分）ができます。水の場合でいうと盛り上がった部分と凹んだ部分です。その「密」と「疎」によって波ができるわけです。弦楽器も弦が震えることによって、その周りの空気が震えます。

媒質の急激な流れ、膨張や収縮:

　媒質というのは、加わった力を伝達する媒介となる弾性のある物質のことですが、ここでは空気だと考えてください。

　たとえば、木の棒（真剣でもいいですが）を振ると「ヒュッ」と音がします。物体が空気中を急速に移動するとき、気流に乱れが生じて音波が発生します。反対に、急速に流れる空気が障害物に当たっても同じ現象が起こります。細い筒に空気を送り込んだり、狭い隙間から空気が勢い良く漏れ出すときなどです。

　これは、フルートや尺八などが鳴る音でもあります。

　また、雷、爆発、風船が破裂するなどの、空気の急激な膨張や収縮にも音波が生じます。

媒質が断続的に流れること:

　気流が断続的に流れると、空気中に「密」な部分と「疎」な部分が生じて音が発生します。これがまさに第2章で説明することになる人間の音声の元となる「**喉頭原音**」です。これはあとで詳細に説明します。

　またサキソフォン、クラリネットなどの「リード」を持つ管楽器でも同じような形で音が出ます。

　「音」について、そして「音」が出る仕組みについて、ある程度理解できたでしょうか？

　ちなみに、媒質がないところでは、つまり真空では、音は聞こえません。

　では、いよいよ「音声」について説明していきましょう。

音声とコミュニケーション

▶「音声」とは何か

　はじめに、のところで、「声」とは「人や動物が発声器官から出す音、音声」という広辞苑の定義を引用しました。その中に「音声」という言葉が出てきました。「声」と「音声」とは、音声学上では若干定義が違い、「音声」の方がもう少し広い範囲の意味を含みます（音声学上の「声」の詳細は、第2章で説明します）。

　では「音声」とは一体何なのでしょう？

　まず、私たちの周りには、さまざまな「音」が満ちあふれています。そういった身の回りの音を大きく分けると以下のようになります。

①気象現象その他の自然界の音。

②人間が作り出した機械・構造物、さらに家電や楽器などから出る人工音。交通騒音や都会の環境音。

③人間の身体から出る音。

　「音声」というのは、③の生身の人間が作り出す音のことを指すのはまず明白ですね。

　さらに、生身の人間が作り出したとしても、足音や拍手、お腹が鳴る音、関節を回してボキボキ言わせるような音、はたまた、くしゃみやせきの音も「音声」とは呼びません。

　「音声」とは、「人間が意識的に音声器官を使い伝達目的をもって発するおと」[4]と定義されています。

　第2章で詳述することになる「音声器官」を使って、コミュニケーションのために発する「言語」のための「おと」のことを「音声」と言います。

　しかし、「言語音」以外にも、口笛や、たとえば注意を喚起したいときのせきばらい、退屈だよと匂わせたいときのあくびなどのように、コミュニケーションのために意識的に音を発している場合もあります。これらは広い意味では「音声」に入りますが、申し訳ないですが、この本では取り扱いません。せきやあくびを意識的にコミュニケーションの手段として使ったときを「表情音」。口笛など、音声器官を使って出すさまざまな音を「遊戯音」と呼ぶこともあります。

　余談ですが、こういう音以外にも「フィラー」と呼ばれる、「えーと」とか、「まぁ、その〜」などの、発話の合間にはさみこむ、言語音としてはあまり明瞭ではない音もあり、それらもとても興味深いのですが、やはりこの本では紙面の都合上取り扱いません。

　次に、「音声」がコミュニケーションのために発せられる音であるならば、私たちは何を音声によって伝え、伝えられているかについて説明します。

---

4 鹿島央『基礎から学ぶ音声学』スリーエーネットワーク、2002 年

▶「音声」は何を伝える？

　「音声」は、主に以下の3つを伝えるとされています[5]。

・「言語的情報」

・「パラ言語情報」

・「非言語情報」

　「言語的情報」とは、文字どおり「言葉の意味内容、情報」などです。

　たとえば「おはようございます」と誰かが発話した場合、ごく普通の日本人であれば「朝の挨拶である」と認識します。

　次に、「パラ言語情報」というのは、イントネーションやリズム、ポーズ、声質などの「言語の周辺的側面」のことです。（この辺りは、章を変えてじっくり説明します）

　そこには「話し手の感情・精神状態、話し手が聞き手をどう待遇しているか」などが現れます。

　たとえば、「おはようございます」を斬りつけるような紋切り型で発した場合、何らかの意図を聞き手は感じとりますね。「なんでそういう言い方するんだろう」と。

　もし、相手の「おはようございます」に対して、語尾を上げて同じ言葉を返せば、「今、何時だと思ってるの？！」という気持ちがそこに読み取れるかもしれません。

　そういった情報のことを「パラ言語情報」といい、「声」に含まれるとても重要な要素です。

　そして最後の「非言語情報」とは、言葉の意味とは関係のない、話し手自身に関わる様々な情報です。性別や年齢、方言の訛りによってわかる出身地、どのような性格か、などの個人的な特徴です。

　さまざまな情報が、意識するとしないに関わらず、伝わっていますね。

　「声」で伝える、伝えようとする情報にばかり意識が向いてしまいますが、「声」で伝わってしまう情報にも、もう少し意識を向けるといいかもしれませんね。

　　☑　「音声」とは、「人間が意識的に音声器官を使い伝達目的をもって発するおと」であり、

　　さまざまな情報を伝達する。

---

[5] 鹿島(2002)

音声学と言語学

▶ **音声学の領域**

　音声学には、話し手が音声を発してそれが聞き手に伝わり認識されるプロセスにおいて、以下のような3つの領域があります。

調音音声学:

話し手が音声を生成する部分を扱う領域。

音響音声学:

空気中を伝わる音波としての音声を物理学的な対象として扱う領域。

聴覚音声学:

聞き手の耳に届き理解されるまで。外耳から鼓膜、内耳を経て脳で知覚されるまでの領域。

この本で取り扱うのは、「日本語」の「調音音声学」です。

▶ **「言語学」について**

　「言葉とは意味を音声によって伝達する手段である」ので、言語の研究のためにも「音声」の研究は重要となります。「言語学」と「音声学」をまとめる上位概念として「言語科学」という名称もあるくらいです。

＊言語学の諸分野[6]

音韻論:意味の弁別に関与する音素の体系やアクセントなどを研究する。

形態論:単語や意味を持つ最小の単位である形態素の特定や分布を研究する。

統語論:文の構造や語の配列を研究する。

意味論:語や文の意味の記述に関する研究。

語用論:語や文の意味とその発話される場面・状況との関連性を研究する。

社会言語学:言語とそれを使用する人間の社会的属性との関連の研究。

心理言語学:言語処理、言語習得などの心理的メカニズム。

類型論:世界の諸言語をさまざまな観点から類型化する。

認知言語学:言語と人間の認知機構との関連。

　☑　言語学とは言語(ことば)について研究する学問であり、言語に関る領域に関連してさまざまな研究分野がある

6　町田・籾山 (1996)

音声学の認知度

　職業柄、「先生はどんなことを教えていらっしゃるんですか？」という質問をよく受けます。「音声学を教えています」と言うと、たいていの場合、「音声学って何ですか？」と返ってきます。

　「私たちの音声、特に日本語の音声が、どうやって発せられているのか、そのメカニズムや理論を教えています」というと、やはり、たいていの場合、「それは、日本語の発音を教えてるということですか？」と返ってきます。

　日本語の発音なんて日本人なら誰でもできるんじゃないのか？わざわざそれを日本人に教える？と心の中で思っているのがありありです。

　「音声学」はまだまだマイナーな学問なんだなと実感させられます。私としては、地味ですけど、けっこう基本的で大切なことを教えているという気持ちでいるのですが・・・。

　そういう質問をしてくる人には、「発音そのものは、毎日日本語を話しているわけですから、難しくないんですが、どうやって発音しているか、など、その説明は多分難しいと思います」と答えながら、わざとこちらから質問します。

　「か」と「が」の違いはわかりますか？

　昔、国語の時間に真面目に授業を受けてた人は、「か」は清音で、「が」は濁音だと答えてくれます。「じゃ、濁音って何ですか？音が濁るって？」「この二つの音をどう発音し分けてますか？」なんて突っ込むと、固まってしまう人は多いです。

　みなさんは答えられますか？（答えは第2章で）

　他にも、「いく」の過去形は？「いった」。じゃあこの「い」と「た」の間にある、小さい「っ」だけ読んでもらえますか？この質問には、爆笑ものの回答が多いです。毎回この質問をするのが楽しみです。（こちらは第6章）

　また、東京の山手線の駅名、「新橋」と「神田」には、どちらも「ん」という音が含まれますが、これが違う音であることをご存知ですか？この二つの「ん」を発音するときの口の様子を観察してみてください。（こちらも第6章）

　よくわかっているようで、実はよく知らない「日本語の音声」。

　新しい世界の扉を開いてください。

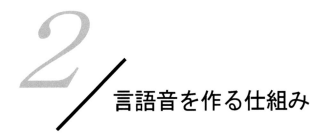

2／言語音を作る仕組み

2−1 ▶ 音声が作られるための3要素

▶ 私たちはどうやって音声を発しているのか？自分の身体でまず確かめる。

🖎 　声が出ている状態で、自分の身体がどうなっているか確かめてみる。声が出ていない状態とどこがどう違っているのか？

_____

🖎 　声はどこから出ているか。音声を作っているのはどこか？

_____

🖎 　息を止めたまま声が出るか、試してみよう。

_____

🖎 　「あ〜」と声を出しているとき、ささやいているとき、何が違うのか？

_____

🖎 　そもそも「ア」と「イ」の違いは何でしょう？例えば、「タ」や「ナ」、「マ」といった日本語の音の違いはどうやって作っているのでしょう？

_____

▶ 音声が作られるための３要素

①呼気:

前ページの確認作業でもわかったように、息を止めては「声」は出ません。

肺からの気流を利用して音声は生成されます。日本語ではほぼすべての言語音を「呼気」、吐く息によって作り出します。

「吸気」、吸う息によっても作れなくはないですが、一般的ではありません。(吸う息や口の中の空気だけを使って作る言語音も世界にはあります)

②発声:

「声」を出しているときと出していないときの違いは、身体が振動しているかいないかでした。喉の奥の「声帯」があるあたりに手を当てると、「声」を出しているときは細かく震えていました。声帯が振動して「声」が出ています。これを「発声」と言います。そのメカニズムは後述します。

③調音:

「ア」と「イ」の違い、また他のひとつひとつの音の違いは何だったでしょう? 口の開け方、舌や唇がどのように接触しているか、離れているか、さまざまでした。このように、口の中などの形を変えて音を加工することを調音と言います。

▶ 音声伝達のあらまし

音声伝達の諸段階:

ここで音声が伝達される様子も確認しておきましょう[7]。

まず、話し手と聞き手の二者がいます。話し手はあることを伝えようとし、その目的に応じてそれを概念化し、その概念化したものを話し手の言語の文法に従って記号化します。つまり自分の考えをまとめ適切な言葉を選びます。

それら記号化されたものが、上述のように音声として具現され発話となり、音波となって空中を伝わり、聞き手の鼓膜を振動させ、音の感覚を生じさせます。聞き手はその一連の音を、その言語の文法に従って解読し、話し手の概念と一致した概念化に到達します。

話し手の概念化から記号化という、脳内の「神経言語的プログラム化」の段階の決定に続いて、運動神経を通じて特定の運動指令が胸、咽喉、口腔などの筋肉に流れていき、これらの筋肉が緊縮することによって特定の位置や姿勢をとったり、運動をしたりするわけです(口を開けたり、唇を閉じたり、舌を上下したり、など)。

話す、聞く、って実は大変な作業を一瞬のうちにこなしているんですね。

---

[7] この辺りの記述は、竹林滋『英語音声学』研究社、1996 年、を参考にしています。

2−2 ▶ 音声器官について

▶ 音声器官の仕組み

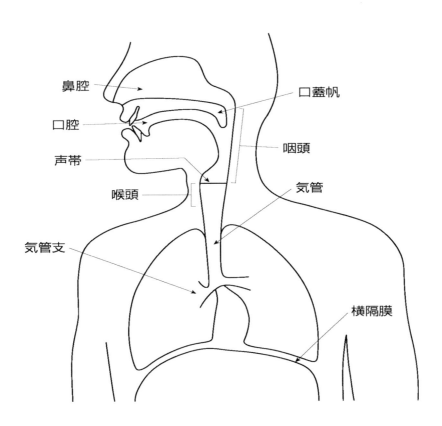

鼻腔
口腔
声帯
喉頭
気管支
口蓋帆
咽頭
気管
横隔膜

図1　音声器官

キーワード：**横隔膜、肺、気管、喉頭、声帯、咽頭、口蓋帆、鼻腔、口腔**

＊もう少し詳細な音声器官の名称や位置を、解剖学の本などでぜひ見ておいてください。

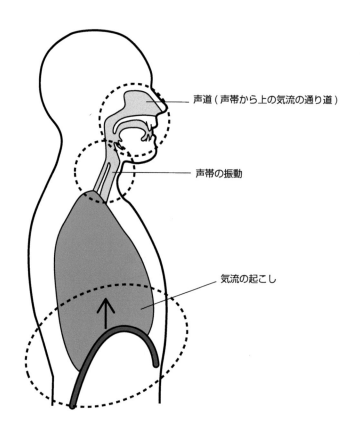

声道（声帯から上の気流の通り道）

声帯の振動

気流の起こし

図2　音声生成の3要素

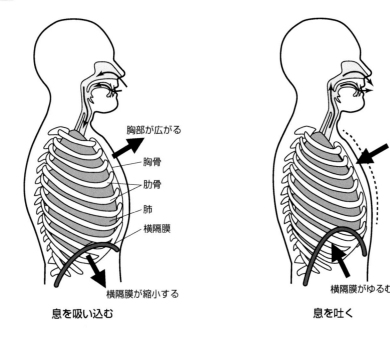

胸部が広がる

胸骨

肋骨

肺

横隔膜

横隔膜が縮小する

息を吸い込む

胸部が縮む

横隔膜がゆるむ

息を吐く

図3　呼吸

▶ 呼吸について

　音声が作られる3要素でも解説したように、音声生成にはまず「気流の起こし」が必要です。日本語の音声は、肺からの呼気を利用しています。

　「息」が途切れるときが「声」の途切れるときです。ぜひ試してみてください。

　図2でわかるように、「呼吸」、つまり吐く息・吸う息は、肺を取り巻く筋肉や横隔膜の動きにより、肺の容量が増減することによって起こります。

　横隔膜をより積極的に使うやり方が「腹式呼吸」と呼ばれるもので、胸周りの筋肉の動きで呼吸するより、大きく静かな、落ち着いた呼吸ができることから（普段私たちは必要最小限の呼吸しかしていません）、たとえばヨガやマインドフルネス（瞑想）などで推奨されています。また、歌うときや演劇における発声、さらに管楽器の演奏などのためにも、大きな呼吸のための訓練が必要になります。

　呼気の安定性は、声の質に影響を及ぼします。100m を全力疾走した後の荒い息で普通に話せるか、イメージしてみると分かりますね。

　そして、この気流の起こしによってつくられた「呼気」が、喉頭にある「声帯」を震わせて、次に説明する「発声」となり、「声」が作られます。

2−4 ▶ 発声、声帯について

▶ 発声

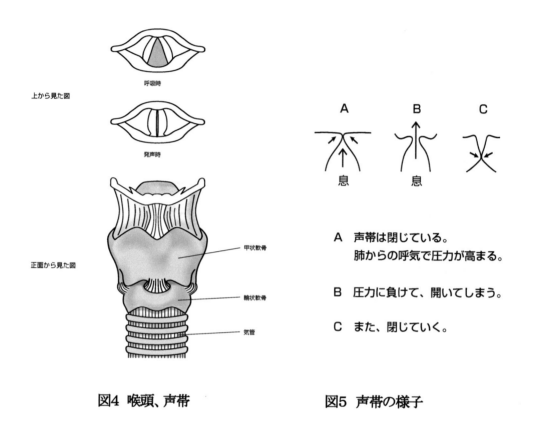

上から見た図

呼吸時

発声時

正面から見た図

甲状軟骨

輪状軟骨

気管

A 声帯は閉じている。
肺からの呼気で圧力が高まる。

B 圧力に負けて、開いてしまう。

C また、閉じていく。

図4　喉頭、声帯　　　　　図5　声帯の様子

声帯の振動:

　声帯が振動することによって音となるわけですが、これはどのようなメカニズムが働いているのか見ていくことにしましょう。図4を見てください。「声帯」を上から見た図と、図1でも見た「喉頭」の部分の拡大図です。声帯は喉頭部分にありましたね。

　上の図は「声帯」が大きく開いて、息をしているところです。下の図は「声帯」の間が閉じていますが、これは比較的強く「声帯」を閉じて息を止めている状態と、「声帯」がゆるやかに閉じているという二つの状態を示しています。「声帯の振動」が起きるのは、「声帯」がゆるやかに閉じているときです。「声帯」の間の隙間のことを「声門」といいます。

　甲状軟骨は、普段私たちが「のどぼとけ」と言っているところです。ぜひ手で触ってその他の軟骨も形状や硬さを感じてみてください。

発声のときの声帯の様子:

　では、図5を見てください。非常に簡略化されていますが、「声帯」を横から見た図です。

　まず「声帯」は閉じています(A)。なので、肺からの気流はそこで一度止まり、だんだん圧力を高めていきます。その圧力に負けて思わず「声帯」は開いてしまいます(B)。その時気流は一気に放出されます。でも「声帯」はまた閉じていきます(C)。そしてまた(A)に戻り、出られない空気が圧力を高め、の繰り返しとなります。

　(A)で気流は圧がかかり、「密」(ぎゅっと詰まった状態)になる。そして(B)でスムーズに流れて「疎」(スカスカな状態)になるということが連続する。

　力を加えられたものが元の形に戻ろうとする。その力が伝わっていく。このように、空気に「波」ができて、それが「音波」として空気中を伝わって私たちの耳に届き、鼓膜を震わせた時、私たちはそれを「音」だと感じます。

　これを「喉頭原音」といいます。この章の最初に「あ〜」と言いながらどこがどうなるか試してみました。ぜひ、のどぼとけのあたりに指を当ててみてください。震えているのがわかります。単に息を吐く(声門が空いている)ときには震えないはずです。

▶ **「有声音」と「無声音」**

　この「声帯振動のおと」のことを、音声学では「声」と言います。そして、言語音には＜声の有る音＞**「有声音」**と、＜声の無い音＞**「無声音」**があります。特に日本語においては、この「有声音」と「無声音」の違いは、とても大切な違いになるのでよく覚えておいてください。(第5章や第7章でまたじっくり解説します)

　ひとつ例をあげましょう。

　コラム①で出した意地悪な質問を覚えていますか？「か」と「が」は何が違うのか？です。

　次章以降できちんと記号とともに勉強していきますが、「か」という音は、子音の[k]と、母音の[a]の組み合わせでできています。こういった[k]や[a]という、ひとつひとつの音のことを「**単音**」と言います。日本語話者は、「か」でひとつの音だと認識して発音しているので、最初はこの単音に分けるということがわかりにくいのです。

　「か」も「が」も、母音の[a]が後ろにあるのは同じです。ということは、子音の音の違いが、音の違いをもたらせているわけですね。そして[k]と[g]の音の違いは、それぞれ喉に手を当ててみてください。

　そうすると、[k]のときには震えず、[g]のときに震えることがわかります。ちなみに母音の[a]は有声音なので、「ア」の音まで発音すると震えます。

　「か」と「が」の違いは、子音[k]と[g]の違い、つまり、声帯振動のあるなしというわけです。「が」についている点々「濁点」は、声帯振動を伴う音を発話せよという記号なのです。

調音、調音器官について

▶ **調音**

　声帯から上の呼気の通り道を「**声道**」といいます。舌や唇、顎をさまざまに動かしたり、また鼻腔を使ったり使わなかったりすることで、「声道」の形はさまざまに変化します。声帯振動を伴った、もしくは伴わない肺からの呼気に、「声道」の変化という加工を加えることを「**調音**」といいます。音質の違いは、こういった口腔内の形状の違いによる響き方の違いによるのです。

▶ **調音器官の位置と名前**

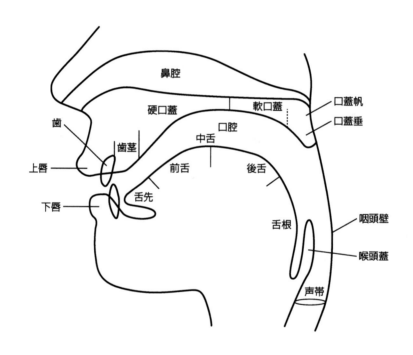

図6　調音器官

*舌先は、もっと細かく「舌尖」と「舌端」と分けられます。

キーワード：

鼻腔、口腔、上唇、歯、歯茎、硬口蓋、軟口蓋、口蓋垂、口蓋帆、咽頭壁
下唇、舌先、前舌、中舌、後舌、舌根、喉頭蓋、声帯

✐　　言語音の「発話」に関与する調音器官の名前と位置は必須知識です。最初はややこしいと思いますがすぐに慣れます。ここに書かれてあることはすべて覚えておいてください。

✐　　調音器官の図を描いてみましょう！最初は大変ですが、第5章以降にも、このような口腔の断面図がたくさん出てきます。自分でも簡単にフリーハンドで書けるようにしておくと理解が早いです。(もちろんうまく描ける必要はありません)

「歌うことと声帯」

　　この章では「言語音を作るしくみ」、私たちはどうやって音声を生成しているのかを学びました。第1章で、音波が発生するしくみを説明する際に「楽器」を例にしましたが、人間の身体は素晴らしい歌声を作り出す「楽器」のようだとも言えます。

　　そこで、「歌う」ときの「発声」、「声帯」の様子について、このコラムで説明を少々付け加えておきたいと思います。

　　まず、リラックスしていないとよい「振動」になりません。緊張していたり、大きな声を出そうと力が入り過ぎると声帯を痛めてしまう結果になります。心地よい振動が大切ですね。

　　もし自宅に仏壇があれば、ぜひ「お鈴」を鳴らしてみてください。「チーン」と澄んだ音がします。しかし、お鈴をガッシリ握ったまま鳴らすとどうなるでしょう？キレイな音が出ることはないと思います。

　　つまり、物体が自由に振動できる状態を作る。「声帯」周りの筋肉、首・肩などが適度にリラックスしていないといけないことがわかります。

　　そして、その声帯の振動から発生する音（喉頭原音）を、口腔・鼻腔、さらには頭蓋骨や上半身までも使って共鳴させ、増幅させないと伸びやかな響く声にはなりません。オペラ歌手が、マイクなしでも広いホールで響きわたる声が出せるのは、この「増幅」をうまく行っているからです。

　　次に、どうやってメロディ、声の高い／低いを調節しているのでしょう。

　　弦楽器のチューニングを想像してください。音を高くするときには弦を緊張させます。低い音のためには緩めます。

　　声帯も同じです。高い声のときには声帯を前後に伸ばしほどよい緊張を与え、低い声を出すときには緩めます。

　　そして最後に、これも楽器と一緒で、ちゃんと機能するようにメンテナンスが大事です。声帯は成人男性でも約2センチ、女性だと1.5センチくらいの、ピンク色の、粘膜で覆われたデリケートな器官です。乾燥させない、無理に大きな声を出さない、アルコールはほどほどに、タバコはちょっと、などなど普段から大切に扱うことで声帯はうまく機能します。

3／母音について

3−1 ▶ 母音と子音の違い

▶ 母音と子音は何がどう違うのか？

　2−4「発声」のところで「有声音」と「無声音」の違いを説明するために、日本語の「か」の音を形成する二つの単音、子音の[k]と、母音の[a]の組み合わせのことを書きました。

　言語音は大きく「母音」と「子音」に分けられますが、この違いはなんなのでしょうか？

　実際に発話しながら確かめてみましょう。

▶ 私たちはどうやって母音や子音を発しているのか？自分の身体でまず確かめる。

　　　まず、「イ」と発話してみましょう（小さな声でも、声を出さなくてもいいです）。何も発話しない状況から「イ」と発話すると、舌はどうなりますか？

_____

　　　では「イ」と発話した口の構えから、次に「エ」と発話してみてください。舌の位置は？口の中はどう変化したでしょうか？

_____

　　　ではそこから「ア」と発話してみてください。口の中はどうなりましたか？さらに、もう一度「イ」の発話に戻ってもらって、「イ」の口の構えから動かさないで、「エ」や「ア」と言えるでしょうか？

_____

✏️　次に「ア」の構えから「オ」と発話してみてください。どこがどう変化したでしょう？そして
それと同時に舌の位置はどうなりましたか？

_____

✏️　最後に「ウ」と発話してみてください。「オ」のときと口の中はどう変わりましたか？舌の
位置はどうでしょう？

_____

✏️　では、逆に「ウ」から「オ」、そして順に「ア」、「エ」、「イ」と発話していってください。それ
ぞれの違いが明確になりましたか？

_____

　2－1「音声が作られる3要素」、そして2－5「調音」の解説でも述べたように、私たちは「声道」の
形を変えて音の違いを作っています。

　さて、ここまではみなさんもよく知っている日本語の母音「アイウエオ」を発話しましたが、次に
子音を発話してみましょう。

✏️　たとえば口を大きく開けたまま「パ」や「マ」が発話できますか？

_____

✏️　「パ」の音は、子音[p]と母音[a]で構成されています。[a]の音に移行する前の[p]
の状態で口はどうなっているでしょう？同じように、「マ」の音は、子音[m]と母音[a]の組み合
わせですが、[a]の音に移行する前の子音[m]では口はどうなっているでしょう？

_____

子音の調音に関しては次章で詳しく述べますが、ここまで自分の身体で確かめながら発話してみてわかったことがたくさんあると思います。

　母音は口の中の形状が変化することにより音質を変えていますが、子音は口の中の形状の変化だけではなく、声道の他の部分が積極的に関与しています。
　母音は通常、声帯の振動（声）を伴った呼気が**妨害**を受けず、口の中で**共鳴**を起こして出る音のことであり、舌の位置を変えたり、唇を前に突き出したりすることによって、**共鳴腔**の容積や形が変化して、そこでの響きの違いが母音の音質の差になります。
　それに対して子音というのは、声道内の各部分が積極的に関与して、呼気の流れが**妨害**を受けて調音される音のことを言います。

3－2　母音の音質を決める3要素
　ただし、共鳴腔の容積や形を変えると言っても、口の中に歯車やポイントがあって、ひとつひとつの音を発話する際に、きちんとそこで止まるわけではありません。共鳴腔の容積の違いや形状の違いは無段階で、いろんな形に変化します。

　それではどのように音質を発音し分けているのか、それを見ていきましょう。
　母音の音質を決める要素は3つあります。

①唇の丸め：
　唇を丸めると前に突き出され、口の中の容積が増え、共鳴腔は細長くなります。唇を丸めて発話する母音を「**円唇母音**」、唇を丸めないで発話する母音を「**非円唇母音**」と言います。

②舌の前後位置：
　舌の位置が前と後ろでは共鳴腔の形が変わり、音が変わってきます。
　先ほどの確認作業で、「イ」や「エ」のときの舌の位置と、「オ」や「ウ」のときの舌の位置が変化しているのがわかりました。
　前舌面が**硬口蓋**に向かって盛り上がっている母音を「**前舌（まえじた）母音**」、後舌面が**軟口蓋**に向かって盛り上がっている母音を「**後舌（うしろじた）母音**」といいます。（その中間を「**中舌（なかじた）母音**」といいます）

③舌の上下位置：
　最後の要素は、舌の盛り上がりに注目しています。
　「イ」のように舌の盛り上がりが高い母音は、口の開きが狭くなるので「**狭（せま）母音**」と言い、

逆に「ア」のように舌の盛り上がりが低い場合は、口の中が広くなるので、「**広(ひろ)母音**」と呼ばれます。そして、その開き具合によって「**狭母音**」、「**半狭母音**」、「**半広母音**」、「**広母音**」と分類されています。

そして、上記3つの要素を組み合わせてそれぞれの母音を特定します。
　たとえば、［i］であれば、「**非円唇・前舌・狭母音**」となるわけです。

　母音の音質がどのように決まるのか理解できたでしょうか？
　声帯振動を伴った音が、口腔内の形状によって音質が変わっていきます。
一度「イ」と言いながら口をどんどん開けていくとどのような音になるか試してみてください。

基本母音

▶ ダニエル・ジョーンズの基本母音

　前ページのような基準に基づいて、イギリスの言語学者ダニエル・ジョーンズが、世界の言語の母音の基本となる母音を体系化しました。それが以下の図です。それぞれのポイントが舌の盛り上がりの頂点をわかりやすく示した簡略な図です。(実際はこんなにきちんと縦横が揃っているわけではありません)

母音

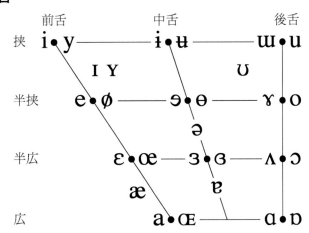

記号が二つ並んでいるものは、右が円唇、左が非円唇

第一次基本母音

非円唇	前舌	狭	母音［i］	［u］	円唇	後舌	狭	母音
非円唇	前舌	半狭	母音［e］	［o］	円唇	後舌	半狭	母音
非円唇	前舌	半広	母音［ɛ］	［ɔ］	円唇	後舌	半広	母音
非円唇	前舌	広	母音［a］	［ɑ］	非円唇	後舌	広	母音

第二次基本母音(中舌母音をのぞく)

円唇	前舌	狭	母音［y］	［ɯ］	非円唇	後舌	狭	母音
円唇	前舌	半狭	母音［ø］	［ɤ］	非円唇	後舌	半狭	母音
円唇	前舌	半広	母音［œ］	［ʌ］	非円唇	後舌	半広	母音
円唇	前舌	広	母音［ɶ］	［ɒ］	円唇	後舌	広	母音

COLUMN ③

「開音節と閉音節」

　英語の発音が苦手という人が多いようです（というより、日本人は英語そのものにコンプレックスを持っているようですが）。

　どうも自分の英語の発音が、いわゆるイングリッシュ・ネイティブ（英語を母国語とする人たち）の話す英語とは違う、それを「苦手」「下手」だと思っているようですが、そうではないので安心してください。

　言語によって、音のまとまり具合、音の並び方や組み合わせ方が違うので、違う発音のやり方をしているだけです。

　英語の発音が下手なのではなく、違う音を出しているだけなのです。

　日本語は、単語や音のまとまりが母音で終わる音が多いので、「開音節」言語と呼ばれています。イタリア語やスペイン語、ハワイ語なども、同じく母音で終わることが多いので、開音節言語です。

　反対に、英語やドイツ語、そして中国語などは、子音で終わることの多い「閉音節」言語です。（「音節」とは切れ目のない音のまとまりだと思ってください）

　たとえば、猫 cat と発音する場合、日本語だとどうしても最後の音を「ト」と読んでしまいます。そうすると母音の「オ」の響きが最後に残ってしまいます。英語は子音の[t]で終わるので違う音になってしまうのです。日本語の発音をローマ字で書くと kyatto ですね。

　いわゆる日本語なまりの英語です。でも、これを恥ずかしがることはありません。世界では、いろんな国の言語のなまりで、それぞれの国民が堂々と「なまった英語」を話しています。

　さらに言うなら、日本語なまりの英語の発音は、とても聞き取りやすいと、ノン・イングリッシュ・ネイティブ（英語を母国語としない人たち）からは、好評なのです。

　ぜひ自信を持って日本語なまりの英語を話してください。

子音について

4－1 ▶ **子音の音質を決める3要素**

　前章でも説明したように、子音は「口腔内のどこかで、呼気の流れが**妨害**を受けて調音される音」でした。したがって、どこでどのように調音されるのか、そして第2章でも説明した「有声音」と「無声音」の違い、つまり声帯の振動「声」があるかないかが条件になっていきます。

　子音の音質を決めるのは次の3点です。

①「**声帯振動の有無**」（有声音か無声音か）
②「**調音点**」（どこで調音するのか）
③「**調音法**」（どのように調音するのか）

　そして、上記①②③を組み合わせれば、ひとつひとつの子音を分類・特定できます。
　たとえば、カ行の子音[k]であれば、「**無声・軟口蓋・破裂音**」といった具合に。

　では以下で、②「調音点」、③「調音法」を順に見ていきたいと思います。

　そしてこの章の最後で、子音を分類し、ひとつひとつの音を記号で表記する「国際音声字母」International Phonetic Alphabet（国際音声記号ともいう）も確認していきます。
（巻末参照）

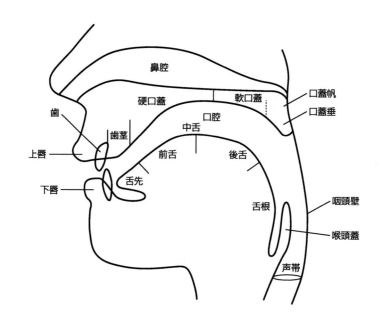

4—2 **調音点**

▶ 言語音の「調音」に関与する調音器官

図6 調音器官

▶ 調音点:
上顎の動かない部分と、唇や舌などの調音体との組み合わせによって調音点が決まります。
① 「両唇」（上唇と下唇）：マ行、パ行、バ行の子音など。
② 「唇歯」（上の歯と下唇）：英語の f や v の音。
③ 「歯」（上の歯の裏と舌先）：英語の th の音。
④ 「歯茎」（歯茎と舌先）：サ行、タ行、ナ行の子音など。
⑤ 「硬口蓋歯茎」（歯茎後部、硬口蓋に近い歯茎と舌先）：英語の sh の音。
⑥ 「歯茎硬口蓋」（硬口蓋前部、歯茎に近い硬口蓋と舌先）：シ、ジ、チ、ヂの子音などの音。
⑦ 「硬口蓋」（硬口蓋の後部と前舌）：ヒ、ニの子音などの音。
⑧ 「軟口蓋」（軟口蓋と後舌）：カ行、ガ行の子音など。
⑨ 「口蓋垂」（口蓋垂と後舌）：語末の「ン」の音。
⑩ 「声門」（声帯の間の隙間）：ハ、ヘ、ホの子音などの音。

4−3 ▷ 調音法

▶ 破裂音

口腔内のある場所(調音点)で「閉鎖」を作り、肺からの呼気を溜め圧力を高めて、そこで一気に閉鎖を解放し、勢いよく破裂するように出す音です。気息の音が聞こえる場合もあります。有声・無声、ともにあります。カ行・ガ行、タ行・ダ行、パ行・バ行の子音など。

▶ 鼻音

口腔内のある場所(調音点)で閉鎖を作り、声帯振動を伴った呼気を鼻腔へ通し、共鳴させる音です。口腔内の閉鎖の場所によって、共鳴腔の大きさ・形状が変わり、音質を変化させます。鼻音はすべて有声音です。ナ行・マ行の子音、撥音の「ん」、鼻濁音など。

▶ 摩擦音

口腔内のある場所(調音点)で「狭め」を作り、気流を妨害して出す音です。有声・無声ともにあります。サ行・ザ行、ハ行の子音など。

▶ 破擦音

口腔内のある場所(調音点)で閉鎖を作り、肺からの呼気を溜め圧力を高めて(ここまでは破裂音と同じ)、その後ゆっくりと呼気を放出して、摩擦音で終わる音。破裂の前段階に後続して摩擦が聞こえる音です。破裂の「破」、摩擦の「擦」を組み合わせた名前になっています。有声・無声ともにあります。語頭のザ行、「チ」や「ツ」の子音など。

▶ 流音 (側面音、震え音、弾き音)

日本語話者には「ラ行」のように聞こえる音をまとめて「流音」と呼びます。すべて有声です。
弾き音:舌先で歯茎を1回弾くようにして出す音、日本語のラ行の子音。
震え音:舌先で歯茎を数回弾くようにして出す音、イタリア語やスペイン語などの[r]の音。
側面音:舌先で歯茎に触れさせたまま気流を舌の側面から逃がす音。英語の[l]の音

▶ 接近音 (半母音)

口腔内のある場所(調音点)と、舌面が接近して出す音。ヤ行、ワの子音。

　以下は、巻末にある「国際音声字母（国際音声記号表）」を、日本語の発音及び日本語の音に出てくる可能性のあるものに特化して書き換えたものです。

　子音の音質を決める3つの要素、「声帯振動の有無」、「調音点」、「調音法」をそれぞれ見ていきながら、ひとつひとつの音に対応する「音声記号」を覚えるようにしましょう。

子音（肺臓気流）

	両唇音	唇歯音	歯音	歯茎音	後部歯茎音	歯茎硬口蓋音	硬口蓋音	軟口蓋音	口蓋垂音	声門音
破裂音	p b			t d				k g		ʔ
鼻音	m	ɱ		n			ɲ	ŋ	N	
ふるえ音	ʙ			r					ʀ	
はじき音				ɾ						
摩擦音	ɸ β	f v	θ ð	s z	ʃ ʒ	ɕ ʑ	ç ʝ	x ɣ	χ ʁ	h ɦ
破擦音				ts dz		tɕ dʑ				
接近音				ɹ			j	ɰ		
側面接近音				l						

記号が二つ並んでいるものは、左が無声音、右が有声音。
網かけは調音が不可能と考えられる部分。

▶ 以下、日本語の主要な子音を列挙しておきます。音声記号と対応させてみましょう。

無声両唇破裂音： パ行

有声両唇破裂音： バ行

有声両唇鼻音：　 マ行

無声両唇摩擦音：「フ」

有声両唇摩擦音：「ブ」の摩擦音

無声歯茎破裂音：「タ、テ、ト」

有声歯茎破裂音：「ダ、デ、ド」

有声歯茎鼻音：「ナ、ヌ、ネ、ノ」

有声歯茎はじき音： ラ行

無声歯茎摩擦音：「サ、ス、セ、ソ」

有声歯茎摩擦音：「ザ、ズ、ゼ、ゾ」(語中)

無声歯茎破擦音：「ツ」

有声歯茎破擦音：「ザ、ズ、ヅ、ゼ、ゾ」(語頭、特殊音素の後)

無声歯茎硬口蓋摩擦音：「シ」

有声歯茎硬口蓋摩擦音：「ジ、ヂ」(語中)

無声歯茎硬口蓋破擦音：「チ」

有声歯茎硬口蓋破擦音：「ジ、ヂ」(語頭、特殊音素の後)

有声硬口蓋鼻音：「ニ」

無声硬口蓋摩擦音：「ヒ」

有声硬口蓋接近音：ヤ行

無声軟口蓋破裂音：カ行

有声軟口蓋破裂音：ガ行

有声軟口蓋鼻音：鼻濁音のガ行

有声軟口蓋摩擦音：摩擦音のガ行

有声軟口蓋接近音：「ワ」

有声口蓋垂鼻音：語末、後ろに音がないときの「ン」

無声声門閉鎖音(破裂音)：「アッ」などの、語末に促音「ッ」がきたときの音

無声声門摩擦音：「ハ、ヘ、ホ」

有声声門摩擦音：声帯振動を伴った「ハ、ヘ、ホ」

▶ 次ページの表の空欄に「子音の音質を決める要素」3つを確認しながら、音声記号を
入れていきましょう。

✏️ 音声記号は「記号」です。正確に書けるようにしましょう。アルファベットを借用している
ものもありますが、アルファベットそのものではないことに注意しましょう。

子音（肺臓気流）

	両唇音	唇歯音	歯音	歯茎音	後部歯茎音	歯茎・硬口蓋音	硬口蓋音	軟口蓋音	口蓋垂音	声門音
破裂音										
鼻音										
ふるえ音										
はじき音										
摩擦音										
破擦音										
接近音										
側面接近音										

記号が二つ並んでいるものは、左が無声音、右が有声音。
網かけは調音が不可能と考えられる部分。

5 / 日本語の音、ア行〜ワ

　この章では、日本語の音「五十音」と呼ばれているものを順に**単音**のレベルで見ていきますが、その前に、日本語の「イ」の段の子音に見られる、「硬口蓋化」についてまず説明します。

5−1 「硬口蓋化」について

　二箇所で同時に呼気流を妨害する調音があります。これらは二重調音と呼ばれ、二箇所の調音点が重要となってきますが、主要な調音と副次的な調音がある場合は「二次調音」と呼ばれ、副次的な調音のことを「副次調音」と言います。
　「副次調音」には、①円唇化、②硬口蓋化、③軟口蓋化、④咽頭化がありますが、日本語の「副次調音」は①と②です。

　特にイの段の子音は、後続する「イ」の母音が、硬口蓋に前舌が近づいて調音されるので、子音を調音するときに、舌が硬口蓋に向かって引っ張られる現象が起こります。
　ただし、日本語には硬口蓋化しかないので、この現象を単に「口蓋化」と呼びます。口蓋化した子音には、音声記号の右肩に小さな補助記号の［ʲ］をつけます。
　カ行の「キ」であれば、［kʲ］といった具合です。

　では、この硬口蓋化をふまえた上で、五十音それぞれの音を、音声記号や口腔断面図で確認していきましょう。

　第3章「母音について」で確認した、母音の音質を決める3要素で、日本語の「アイウエオ」を確認してみましょう。音声記号とともに、以下表記してみます。

「ア」［a］　非円唇／　／広母音
＊日本語の「ア」の記号は簡略表記として［a］で代用されます。非円唇／前舌／広母音という意味ではありません。日本語の「ア」は、前舌と後舌の区別はありません。

以下の図のような「鼻母音」が現れるときもあります。
鼻母音の表記は、音声記号の上に、補助記号の［˜］をつけます。

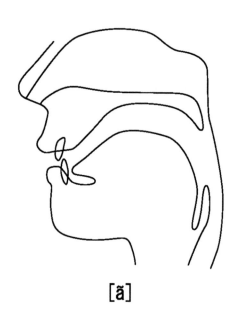

[ã]

「イ」［i］　非円唇／前舌／狭母音
「ウ」［ɯ］　非円唇／後舌／狭母音
「エ」［e］　非円唇／前舌／中母音
＊日本語の母音には、第一次基本母音の分類のような「半狭」、「半広」の区別はなく、「狭、中、広」の3段階として、「中」母音となります。
「オ」［o］　円唇／後舌／中母音　　＊「オ」も「エ」と同じく中母音です。

各母音の口腔内における舌の位置・形を、ダニエル・ジョーンズの第一次基本母音の図を参考にしながら、以下の口腔断面図に書き込んでみてください。

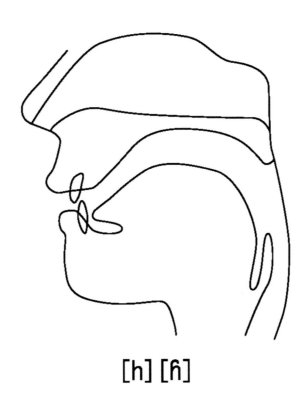

[h] [ɦ]

▶日本語の母音は「ア」「イ」「ウ」「エ」「オ」の5つである！？

　3–2、において、共鳴腔の容積の違いや形状の違いは無段階で、いろんな形に変化します、と書きました。日本語の母音も厳密に観察するならば、5つだけに分類されるわけではありません。

　たとえば、「あか（赤）」と「あお（青）」という発音を比べてみると、「赤」の「あ」は、前寄りの [a]、「青」の「あ」は後ろ寄りの [ɑ] になっています。

　非円唇の「オ」もよく現れていますし、本来、非円唇のはずの「ウ」も、「ウ」を単独で発音する場合、唇に緊張が現れ、円唇に近くなることが観察できます。

　ちなみに、名古屋を中心とする地域の方言では、[æ]という母音が特徴的ですね。

　母音は、有声音ですが、ある環境下においてその声帯振動をなくすことがあります。これを「母音の無声化」と呼んでいます。

　たとえば、声帯のある喉仏のあたりに指を置いて「パス」と発音してみてください。語末の「ス」のところで、振動がなくなっているのがわかりますか？他にも「岸辺」と発音するとき、最初の「き」と「し」の前半くらいまでは、振動が伝わってこないはずです。

　ただし、無声化という現象は、方言差、個人差があり、話すスピードなどにも影響されるので、上記の例で声帯振動が多少あった、振動がなくなったとは思えないという人もいるかもしれません。ここでは東京方言に見られる現象を元に解説します。

　まず、母音の無声化が起きるのは、口の開きが狭い母音［i］と［ɯ］が、前後を無声子音に挟まれたときです。声帯振動のない音に挟まれて、そのまま母音が無声化してしまうものです。

　ネクタイ［nekɯtai］、無声子音［k］と［t］に挟まれた［ɯ］の母音が無声化。

　次に、それらの母音が語頭にあって無声子音が後続するとき、または語末にあって、無声子音が先行するときです。無音（声帯振動なし）と無声子音に挟まれるわけなので、上記と同じことになります。

　いっかい［ikkai］の最初の［i］、うっとり［ɯttorʲi］の［ɯ］、
　そうです［so:desɯ］の［ɯ］など。

　「イ」と「ウ」以外にも、語頭の「ハ」や「ホ」における「ア」や「オ」も無声化することが多いようです。「ハト」［hato］の［a］、「ほか」［hoka］の［o］など。

　日本語を勉強している外国人が、「三角形」という漢字に「さんかくけい」というふりがながつけてあるのを見て、音が違うと指摘することがあります。私たちはこの漢字を「さんかっけい」と読んでいます。これも無声化が関係していて、［saŋkakɯkei］の［ɯ］が無声化するのみならず、ほとんど音をなくしてしまい、［saŋkakkei］という音になってしまう「促音化現象」です。

5-4 ▶ カ行・ガ行

　カ行の子音は、無声／軟口蓋／破裂音の［k］です。イの段は口蓋化して、
［kʲ］になります。［ka　kʲi　kɯ　ke　ko］

　ガ行の子音は、有声／軟口蓋／破裂音の［g］です。イの段は口蓋化して、
［gʲ］になります。［ga　gʲi　gɯ　ge　go　］

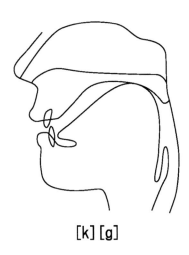

[k] [g]

　また、語中などで閉鎖が不十分なとき、有声／軟口蓋／摩擦音の［ɣ］になることもあ
ります。イの段は口蓋化して、［ɣʲ］になります。
［ɣa　ɣʲi　ɣɯ　ɣe　ɣo］

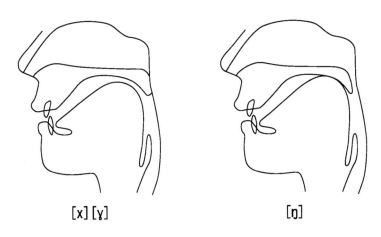

[x] [ɣ]　　　　　　　　　　[ŋ]

　東京方言には「鼻濁音」が存在します。有声／軟口蓋／鼻音の［ŋ］です。
［ŋa　ŋʲi　ŋɯ　ŋe　ŋo］

COLUMN ④

「絶滅危惧種、鼻濁音」

　　日本語の標準語（日本語文法では「東京方言」と呼ばれています）には、鼻濁音があります。音声記号では、[ŋa ŋʲi ŋɯ ŋe ŋo]です。（鼻濁音は、半濁音として「か゚」のように表記されることもあります）

　ガ行音が鼻濁音で発話される可能性のある条件は以下の通りです。

1、語中・語尾の「ガ行音」

2、助詞の「ガ」

　ただし現代の日本語では、これらはあくまでもそういう傾向にあるというだけで、発話のスピードの違い、強調したりしたときにはこの限りではありません。

　もともとガ行は鼻濁音で発話されていたのではないかと考えられていて、東北地方の方言では、この鼻濁音が特徴的です。

　しかし、地域方言によってはこの鼻濁音をほとんど発話しない地方もあります。

　私の出身の愛知県周辺ではほぼ発話されていません。わざわざ学生に鼻濁音はこうやって発音するのだと練習をさせるくらいです。

　前出、猪塚（2003）には、以下のような指摘があります。

　「かぎ」と「かに」を発話する際に、「かぎ」の「ぎ」を鼻濁音にすると[kaŋʲi]、そして「かに」は[kaɲi]、「ŋ」と「ɲ」は、非常に近い場所で調音するので、かなり紛らわしくなってしまいます。しかし、鼻濁音を使わず、ガ行破裂音で発話すると、それぞれ[kagʲi]、[kaɲi]となって明瞭に聞き分けることができます。

　意味の弁別に関与する音がその言語にとって重要であるとしたら、違いがわかりやすい音を発話することが多くなることでしょう。鼻濁音を発話することでわかりにくくなるならなおさらです

　NHK のアナウンサーの方々は、「標準語」の発音を心がけるということで、この鼻濁音をきちんと発話するようにと教育されるそうです。確かに助詞の「ガ」などは柔らかい音になって聞きやすいという気がします。

　鼻濁音は生き残っていけるのか？興味深く見守っていきたいと思います。

　サ行の子音は、無声／歯茎／摩擦音の［s］です。イの段の子音は、［ɕ］になります。口蓋化ではなく、歯茎硬口蓋に調音点のある違う子音になることに注意です。

［sa　ɕi　sɯ　se　so］

　ザ行の子音は、有声／歯茎／摩擦音の［z］です。イの段の子音は、［ʑ］になります。

［za　ʑi　zɯ　ze　zo］

　ザ行の子音には、もうひとつの可能性があります。有声／歯茎／破擦音の［dz］です。イの段の子音は、［dʑ］になります。

［dza　dʑi　dzɯ　dze　dzo］

　ザ行における、摩擦音は、あまり強く発音されない「語中」に、そして破擦音は、少々強く読まれる可能性のある「語頭」や、「特殊音」である「撥音」「促音」「引く音」に後続するときに現れます。

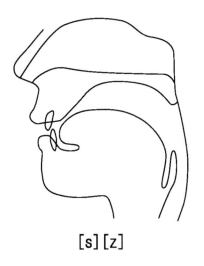

［s］［z］

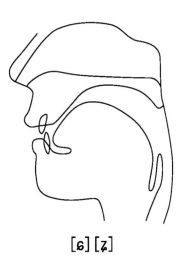

［ɕ］［ʑ］

5−6 ▶ タ行・ダ行

　タ行の子音は、「タ、テ、ト」が、無声／歯茎／破裂音の［t］です。イの段の「チ」は音が変わり、無声／歯茎硬口蓋／破擦音の［tɕ］、そして、「ツ」は、無声／歯茎／破擦音の［ts］になります。

［ta　tɕi　tsɯ　te　to］

　ダ行の子音は、「ダ、デ、ド」が、有声／歯茎／破裂音の［d］です。イの段の「ヂ」と、ウの段の「ヅ」は、現代の日本語の発音では、ザ行の「ジ」と「ズ」と同じ音になっています。

［da　ʑi　zɯ　de　do］（イの段、ウの段が**摩擦音**）

［da　dʑi　dzɯ　de　do］　（イの段、ウの段が**破擦音**）

　この「ジ、ヂ、ズ、ヅ」は、「四つ仮名」と言われ、日本で昔はこの4つのかなの音が残っていたといわれています。しかし、現代の東京方言では、「ジ」と「ヂ」、「ズ」「ヅ」は区別がありません。

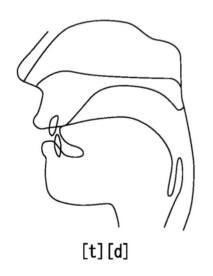

[t] [d]

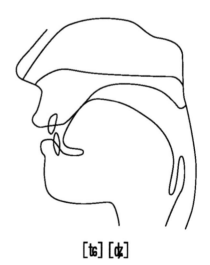

[tɕ] [ɕ]

ナ行の子音は、有声／歯茎／鼻音の［n］です。イの段の子音は、［ɲ］になります。口蓋化ではなく、硬口蓋に調音点のある違う子音になることに注意です。

[na ɲi nɯ ne no]

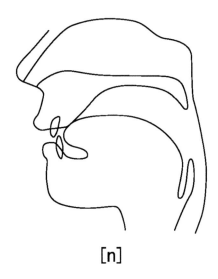

[n]

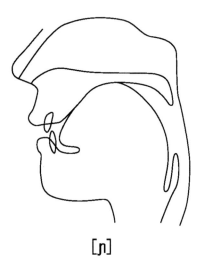

[ɲ]

ハ行の子音は、無声／声門／摩擦音の［h］です。イの段「ヒ」の子音は［ç］、ウの段「フ」の子音は［ɸ］になります。［ha çi ɸɯ he ho］

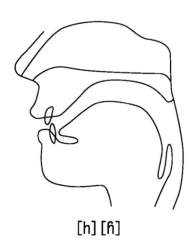

[h] [ɦ]

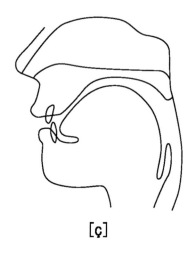

[ç]

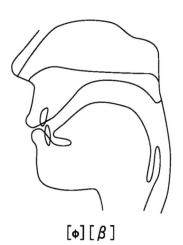

[ɸ] [β]

パ行の子音は、無声／両唇／破裂音の［p］です。イの段の子音は口蓋化して、［pʲ］になります。

［pa　pʲi　pɯ　pe　po］

　バ行の子音は、有声／両唇／破裂音の［b］です。イの段の子音は口蓋化して、［bʲ］になります。

［ba　bʲi　bɯ　be　bo］

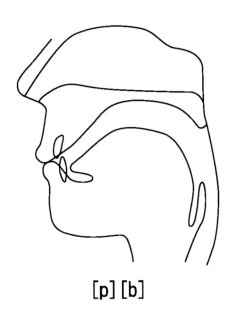

[p] [b]

「P音考、唇音退化、ハ行転呼」

　　なぜハ行だけに「半濁音」があるのでしょう？みなさんは、なぜハ行にだけ、清音、濁音、半濁音と3つあるのか、不思議に思ったことはありませんか？

　言葉は時代により変化します。もちろん「日本語の音」も変化しています。

　その1例が「ハ行音」です。

　東京帝国大学国語学教授であった上田万年（うえだかずとし　1867〜1937）の論考『p音考』に詳しいのですが、その昔「ハヒフヘホ」は、もともと「パピプペポ」でした。ハ行の清濁の対応は、「ハ行」と「バ行」ではなく、「パ行」と「バ行」だったのです。子音の音質を決める3要素を考えるとわかります。「カ」と「ガ」の違いは、調音点も調音法も同じで、声帯振動の有無のみが違いました。同じことが「パ」と「バ」にも言えます。

　「ハ」と「バ」では、声帯振動の有無も調音点も調音法も違います。

　論考の中で上田は、時代が下るにつれて、「パ」の音が「ファ」になり「ハ」に変化していったことを明らかにしました。

　それではみなさん、「パ」と「ファ」と「ハ」を発音してみてください。

　何が違いますか？

　唇の緊張の度合いが違うことがわかるとおもいます。

　「パ」の時はしっかり唇を閉じてから発音しています。「ファ」の時は、唇は開いていますが、唇に力が入っています。「ハ」はまったく力が抜けています。このように、唇の力が抜けていくことを「唇音退化」と言います。

　「パ」と言うときの唇の力が抜けて「ファ」という音ができ、さらにそこから力が抜けて「ハ」という音ができたということです。人間はすぐに楽をしたがるのですね。

　この他にも、ワ行の消失や、合拗音「クヮシ（菓子）」が直音の「カシ」になったり、「行かむ」の「む」の音が「ん」になるなどの変化があります。

　また、「こんにちは」の「は」は、現在「ワ」の音になっていますが、もともと「ハ」の音でした。時代が下るにつれて有声化したのです。このような変化は「ハ行転呼」と呼ばれています。

マ行

　マ行の子音は、有声／両唇／鼻音の［m］です。イの段の子音は口蓋化して、［mʲ］に
なります。

［ma　mʲi　mɯ　me　mo］

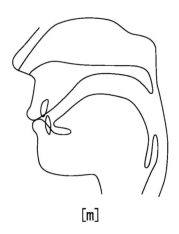

［m］

ヤ行

　ヤ行の子音は、有声／硬口蓋／半母音（接近音）の［j］です。

［ja　jɯ　jo］

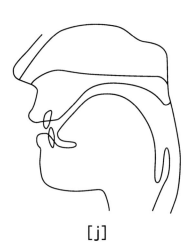

［j］

　ラ行の子音は、有声／歯茎／弾き音の［ɾ］です。イの段の子音は口蓋化して、［ɾʲ］になります。［ɾa　ɾʲi　ɾɯ　ɾe　ɾo］

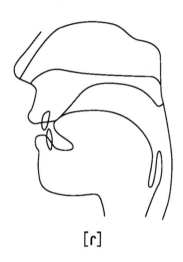

［ɾ］

　「ワ」の子音は、有声／軟口蓋／半母音（接近音）の［ɰ］です。
＊「ヲ」は、現代の日本語では［o］の音と同じです。

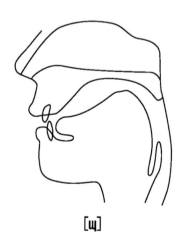

［ɰ］

日本語の音をすべて3つの要素で言えるようになってください。

そして、すべての音を「音声記号」で表記できるように。

さらに、口腔断面図によってヴィジュアルとしても認識できるようになると、日本語の音が客観的に分析できるようになるはずです。

6／その他の音

　この章では（第5章で出てこなかった）、日本語の拗音（「キャ・キュ・キョ」など）、撥音「ン」、促音「ッ」、伸ばす音「ー」などを取り上げます。さらに、日本語の五十音表には存在しませんが、日本語の音として定着している「外来語の音」（ティ、シェ、チェなどの音）も解説していきます。

6−1 ▶ 拗音

　日本語の「拗音」と呼ばれる音は、「かな」を見ればわかるように、すべてイの段です。

　では「カ」と「キャ」の違いはどこにあるのでしょうか。
　「カクケコ」の子音は［k］でしたが、「キ」の子音は、軟口蓋に調音点を持つものの、舌が前よりに硬口蓋化した［kʲ］でした。
　つまり、「キャ」という音は、カ行のイの段の子音［kʲ］に、母音の［a］が後続しているといえます。拗音は、それぞれの行のイの段の子音に、母音［a］、［ɯ］、［o］が後続したものです。
　もちろん、すべての行のイの段の子音が、硬口蓋化した子音というわけではないので注意が必要です。イの段の子音が他の段の子音と違う行もありますが、その場合は、その子音に、［a］、［ɯ］、［o］が後続します。
　まとめると以下のようになります。

・キャ［kʲa］、キュ［kʲɯ］、キョ［kʲo］

・ギャ［gʲa］、ギュ［gʲɯ］、ギョ［gʲo］

・ギャ［ɣʲa］、ギュ［ɣʲɯ］、ギョ［ɣʲo］

・ギャ［ŋʲa］、ギュ［ŋʲɯ］、ギョ［ŋʲo］

・シャ［ɕa］、シュ［ɕɯ］、ショ［ɕo］

・ジャ［ʑa］、ジュ［ʑɯ］、ジョ［ʑo］

・ジャ［dʑa］、ジュ［dʑɯ］、ジョ［dʑo］

・チャ［tɕa］、チュ［tɕɯ］、チョ［tɕo］

・ヂャ、ヂュ、ヂョの音は「ジャ、ジュ、ジョ」と同じです。

・ニャ［ɲa］、ニュ［ɲɯ］、ニョ［ɲo］

・ヒャ［ça］、ヒュ［çɯ］、ヒョ［ço］

・ビャ［bʲa］、ビュ［bʲɯ］、ビョ［bʲo］

・ピャ［pʲa］、ピュ［pʲɯ］、ピョ［pʲo］

・ミャ［mʲa］、ミュ［mʲɯ］、ミョ［mʲo］

・リャ［rʲa］、リュ［rʲɯ］、リョ［rʲo］

▶ 「拗音の直音化」
　拗音「シュ、ジュ」が、「シ、ジ」と発音されること。
　みなさん自身の発音を確認してみましょう、「手術」・「輸出」をどう発音していますか？
　しかしこの現象は、2つのことを考え合わせてみないといけません。
　「宿題」の「宿」の音は「シュ」なので、それが「シ」になれば「直音化」ですが、数字の「十」はどう
でしょう？これは歴史的に「ジフ」という音が変化したもので、「十本」はもともと「ジッポン」という
音です。それが時代を経て「ジュッポン」という音に変化していきました。
　　これは**「直音の拗音化」**とでもいうべき現象です。やはり音は時代と共に変化していくものな
のですね。

＊尾崎喜光「直音の拗音化と拗音の直音化に関する研究」ノートルダム清心女子大学紀要など
参照

　撥音「ん」は、実はさまざまな音で発話されています。

　たとえば、第1章のコラムで紹介した、駅名「新橋」と「神田」の「ん」の音の違いはわかったでしょうか。ぜひ鏡の前で発話してその違いを見てみましょう。もしくは誰かそばにいる人に発話してもらってください。

　「しんばし(新橋)」というときの「ん」は唇が閉じていますが、「かんだ(神田)」というときの「ん」は唇に隙間があります。それを念頭に再度自分の唇でも確認してみましょう。

　「しんばし」のときは［m］で、「かんだ」というときは［n］の音です。

　私たち日本語話者は、「ん」をひとつの音だと認識していますが、実際にはたくさんの音が発せられています。似たような音で、そして音が違っても意味が変わることがないので、区別をせずひとつの音だと認識しているのです。

　これが明らかになるのは、日本語話者ではない人が「ん」を発話する時です。(私たち日本語話者は無意識に発音し分けているのです)

　日本では、ローマ字で「ん」を "n" で表記してしまうので、たとえば「千円」を "senen" と書くと、「セネン」のような発音になります。

　［n］は、子音のところで学んだように、「歯茎」が調音点です。歯茎に舌先を接触させて「せんえん」の「ん」を発音してみるとちょっと違う音が出ることがわかります。

　「さんかい(3回)」も "sankai" とローマ字で表記しますが、「さんかい」の「ん」を歯茎に舌先が触れるよう発音するとちょっと変ですね。では普通に「さんかい」と発音してみてください。歯茎に舌先は接触しません。

　いろいろ違うことがわかりましたが、ではなぜそのような違いが生じているのでしょう。同じような音でその違いを観察してみましょう。

　「さんまい(3枚)」、「さんだい(3台)」、「さんかい(3回)」、「さん(3)」

　撥音「ん」は、後続する音によって音が変わります。それぞれ音声記号表記で具体的に見ていきましょう。

「さんまい(3枚)」、［sammai］:
後続音が［m］で、両唇音なので、「ん」も、両唇鼻音の［m］

「さんだい(3台)」、［sandai］:
後続音が［d］で、歯茎音なので、「ん」は、歯茎鼻音の［n］
「さんかい(3回)」、［saŋkai］:
後続音が［k］で、軟口蓋音なので、「ん」は、軟口蓋鼻音の［ŋ］
「さん(3)」、［saɴ］:
後続音がない場合は、口蓋垂鼻音の［ɴ］

　撥音「ん」は、後続する音と同じ調音点を持つ鼻音です。後続する子音を発音しやすいように、後続する音と同じ調音点で閉鎖を作る鼻音として発音されている音です。　後続する音が閉鎖のない音(母音、半母音、摩擦音)のときは「鼻母音」で発音されます。
　このように、後続する音に影響を受けて音が変化することを「**同化**」といいます。撥音の場合、後続音に影響されるので「**逆行同化**」といいます。先行する音に影響を受けて同化することは「**順行同化**」といいます。

　まとめると以下のようになります。

・後続音が両唇音の場合：「両唇鼻音」の［m］

・後続音が歯茎音の場合：「歯茎鼻音」の［n］

・後続音が歯茎硬口蓋音の場合：「歯茎硬口蓋鼻音」の［ɲ］

・後続音が軟口蓋音の場合：「軟口蓋鼻音」の［ŋ］

・後続する音がない場合：「口蓋垂鼻音」の［ɴ］
＊単語単体では後続する音がなくても、もし助詞の「が」や「も」などが後続するときは、上記の条件で鼻音が現れます。「本が」［hoŋŋa］、「本も」［hommo］など。

・後続音が、母音・半母音・摩擦音の場合：「鼻母音」［ṽ］（［∨］は母音全般を表しています）

　さらに、撥音「ん」は単独では出現せず、語頭に来ることもないので、「特殊音」というカテゴリーで呼ばれることもあります。以下で解説する促音「っ」も同じです。

　第1章のコラムを覚えているでしょうか。「いった」の小さい「っ」だけ読んでくださいというものです。この質問に正確に答えられる日本語話者は少ないです。

　さすがに「つ」と答える人は少ないです。「いつたい」とは読めません。しかし、「音はありません」と答える人が時々います。ならば「いた」でいいのか？「学校にいた」「学校にいった」、同じではありません。音がないわけでもないのです。

　加えて、たとえば「いったい」と発音ときには、確かに音はないような気がしますが、「いっさい」のときはどうでしょう？ゆっくり発音してみてください。小さな「っ」のところは無音ではありません。息が漏れている摩擦の音が聞こえてこないでしょうか？「いったい」のときとは明らかに違っています。

　次に、「いったい」と「いっかい」をゆっくり発音して、違いを確かめてください。小さい「っ」のところは、舌が上あごに接触している部分が違いませんか？「いったい」のときは後続音が歯茎音なので歯茎に、「いっかい」のときは、後続音が軟口蓋なので、軟口蓋に接触しています。

　では「いっさい」とは何が違うのでしょう？ゆっくり発音して観察すると、後続音が歯茎音なので、歯茎で摩擦する音が聞こえます。

　つまり促音とは、後続音が「破裂音」「破擦音」という口腔内に閉鎖のある音であれば、その調音点での閉鎖を待機している状態といえるでしょう。(第8章で解説する予定の「拍」という単位、「1拍分」の待機と考えてもいいです)

　そして、後続音が摩擦音の場合は、同じ調音点で狭めを作って待機している状態です。この場合は閉鎖と違って、ずっと息は漏れ続け、摩擦の音が聞こえています。

　さらに、促音は無声の「破裂音」、「破擦音」、「摩擦音」にしか先行せず、音声記号表記は、後続音と同じ状態で待機しているので同じ記号を二つ表記して、以下のようになります。(破擦音の場合は最初の閉鎖の記号のみが二つなのに注意してください)

後続音が破裂音:「いったい」［ ittai ］
後続音が破擦音:「いっつい」［ ittsɯi ］
後続音が摩擦音:「いっさい」［ issai ］

促音が語末の場合もありますが、後続音がないときは同じ場所で待機というわけではないので、声門閉鎖音で表記されます。まさに「つまる音」ですね。

後続音なし：「あっ！」（と驚いたような発話）［aʔ］

　また外来語では、本来はなかった「後続音が有声音」という場合の促音も観察されます。これは、たとえば英語に促音があるというわけではなく、日本語話者の耳にそう聞こえて表記されたとのだ思われます。

後続音が有声破裂音：「バッグ」［bagɡɯ］
後続音が有声破擦音：「レッズ」［reddzɯ］

＊撥音、促音、引く音に後続する「ザ行」は、摩擦音ではなく破擦音の可能性が高いので、ここでは破擦音のみ表記します。

　促音は無声音にのみ先行すると先ほど書きましたが、実は例外もあります。
　たとえば、「すごい」を強調して発話するときの「すっご〜い！」などです。これは「ご」の音を強調したいがために「ご」の音を発話する直前でグッと力を込めた結果、促音と同じ状態になったのだと思われます。音声記号で表記するなら［sɯggoːi］です。

　ここでは、「カード」、「ビール」などの語に見られる「ー」の部分の音について解説します。この音は「伸ばす音」、「長音」、「引き音」などいくつかの呼び名がありますが、ひとまず「引く音」としてここでは記述していくことにします。

　撥音や促音と同様に、語頭には現れず、単独でも発話されることもない「特殊音」です。そしてやはり撥音や促音と同様に、この音があるのとないのとでは意味が変わってしまうので、日本語にとっては重要な音です。

　では発話しながら観察してみましょう。

　「カード」、「ビール」の例でもわかるように、「ー」の部分は、直前の母音を伸ばしていることがわかります。長い母音、「長母音」の後半部分と呼ばれることもあります。

　表記は、長音の記号である［ː］で表します。

「カード」［kaːdo］、「ビール」［bʲiːɾɯ］

　しかし、この引く音が和語・漢語で現れる場合は少々厄介です。

　「おかあさん」、「おじいさん」は、「おかーさん」、「おじーさん」とは書きませんが、音は明らかに、［okaːsaɴ］、［oʑiːsaɴ］と発音されているようです。

　また、たとえば「しいのみ（椎の実）」や「ちいき（地域）」という場合の「い」は、短母音か長母音か判断に苦しむところがあります。

　［ɕiinomʲi］なのか［ɕiːnomʲi］なのか、［tɕiikʲi］なのか［tɕiːkʲi］なのか。

　他の母音でも同じようなことがあります。読むスピード、音をはっきり区切って発話するか否か、などによって変わってくる可能性があります。

　さらに、発音とかな表記が明らかに違う場合もあります。

　たとえば、「おはよう」、「ありがとう」、「訂正」、などは先行する母音とは違う「かな」で表記されたり、「ふりがな」がつけられたりします。

「おはよう」：［ohajoː］「う」ではなく、音としては、「お」の長母音です。

「ありがとう」：［aɾʲigatoː］同じく「う」ではありません。

「訂正」：［teːseː］ふりがなは「ていせい」となり「い」と表記されます。

　そして、同じふりがなでも、引く音なのかそうでないのかで意味が違うペアも存在します。「数（すう）」は、［sɯː］だと考えられますが、「吸う（すう）」［sɯɯ］は明らかに「す」の後に「う」と発話されています。

　長母音なのか、短母音の連続なのかという問題は、第8章の「音節」でも出てきます。ひとまず、結論がゆれている問題であるという認識でいいと思います。

6−5 ▶外来語の音

　「チェック」の「チェ」、「ティッシュ」の「ティ」、「ジェット機」の「ジェ」など、五十音にはない音なのに、知らぬ間に日本語の音として日常的になっているものがたくさんあります。

　外来語とともに、日本語の音の中に、積極的に外国語の音を取り入れているのでしょうか？

　しかし、英語だと思っていた言葉が、実は和製英語だったという例がたくさんあるように（野球の「ナイター」は、night game、自動車の「ハンドル」は、steering など）、注意深く観察すると、元から日本語にあったと考えられる音、日本語話者には発音しやすい音を、外国語の音に当てはめて、それらしく発音しているという例が多いようです。

　たとえば、Fax という便利な機械（最近は、資料はパソコンで、データで送ることができるのであまり使われなくなってきていますが）のことを「ファックス」と発音しますが、このときの「フ」は、あくまでも日本語の「無声両唇摩擦音」［ɸ］であり、英語の「無声唇歯摩擦音」の［f］の音とは違います。

　つまり「ファックス」という、五十音にはない「ファ」という外来語の音は、原語の英語の音［fa］ではなく、日本語の「フ」の音に母音の「ア」を後続させ［ɸa］と発音しているのです。

　「唇歯摩擦音」はなかなか日本語話者には発音しづらいので、「両唇摩擦音」で代用し、［ɸ］の子音に、五十音のように「アイウエオ」の母音をつけて、「ファ、フィ、フ、フェ、フォ」［ɸa］、［ɸʲi］、［ɸɯ］、［ɸe］、［ɸo］という、いわば「ファ行」を作っているといえるでしょう。

　「ファイト！」、「フィットする」、「フェンシング」、「フォーク」などのように。

　では、以下五十音順に、外国語の音を日本語の音で代用している可能性の高い外来語の音をまとめてみましょう。

サ行の［s］の音に［i］を後続させると、「スィ」［sʲi］になります。
（ただし、スイーツやスイミングはそのまま「イ」と発音しているようです）
「シェットランドセーター」の「シェ」は、［ɕ］の音で代用して［ɕe］
「ジェット機」の「ジェ」は、［dʑe］
「ミルクティー」の「ティ」は、［tʲi］
「チェック」の「チェ」は、［tɕe］
「モーツァルト」の「ツァ」は、［tsa］
「カンツォーネ」の「ツォ」は、［tso］

「ディズニー」の「ディ」は、[dʲi]

「ウィーク」の「ウィ」は、[ɰi]

「ウェット」の「ウェ」は、[ɰe]

「ウォーク」の「ウォ」は、[ɰo]

　代表的な、よく使われている外来語の音をまとめてみましたが、上記はすべて本来日本語に存在する子音に母音を後続させているだけです。外国語の音を日本語話者が聞いて、自分たちが発音しやすい音で取り入れたのが、主な「外来語の音」といえるのかもしれません。

音韻論

第6章までは、具体的な音、音声について解説してきましたが、この章では、少し違った観点から「音声」を見ていきたいと思います。

実際に生成された「音声」が、ある言語の中でどのような働きをしているのか、どのようにその言語では区別されているのかを扱う分野を「音韻論」と言います。

具体的な音を、その生成のメカニズム、そして分類し、分析していくのが「音声学」であり、それらの音の違いが、ある言語の中で重要な違いなのか、つまり、意味の区別に関与するのかといったことを研究しているのが「音韻論」です。

たとえば、日本語話者が発音しにくい、きちんとその違いを発音できないと言われている、英語の "L" と "R" の音ですが、日本語の音の中には、それらに似たような音である「弾き音」の「ら行」しか存在しないので、light も right も同じように「ライト」と聞き、「ライト」と発音されます。

しかし、イングリッシュネイティブにとって "L" と "R" は、意味を変える音（意味を弁別する）音なので、とても大切な音の違いであるということが言えます。英語では重要な音の違いですが、日本語話者にはそうではないという違いです。

日本人が英語の発音が下手なのではなく、音が違うということに気づいていない、もしくは日本語ではその違いを意識する必要がないということなのです。

言語によって、音の体系や、それらの音の使われ方が違い、意味の弁別に関与するかどうかで、その音を重要だと思うか、そうでないかが決まります。

第1章で、言語学の諸分野について学びましたが、音韻論は「意味の弁別に関与する音素の体系やアクセントなどを研究する」とありました。

具体的な音声の研究である「音声学」に、それらの音がどのような働きをしているかの研究である「音韻論」は欠くべからざるパートナーとも言えるでしょう。「音韻論」の知識を得た上でもう一度「音声学」を見てみると、「音声」に関する学びがより深まると思います。

　意味の違いをもたらす音が大切であることはすでに述べましたが、そういった大切な音を見つけ出すにはどうしたらいいでしょうか。

　意味の弁別に関与する音を見つけ出すためには、「ミニマルペア(最小対)」を作るという方法があります。「ミニマルペア」とは、ある一箇所の音以外はすべて同じという2つの言葉を対照させて、その一箇所の音の違いで語の意味が変わるならその音が大切な音であるというわけです。たとえば、[saka]と[naka]では意味が変わります。[s]と[n]は、重要な音の違いということになります。

　では、[aka]の前に、さまざまな音を入れて、意味が変わるかどうかを試してみます。たとえば、[haka]と[saka]でも意味が変わるので、[h]と[s]は日本語にとって重要な音です。

　こういった意味を変える最小の音単位のことを「音素」といいます。「**語の意味を区別する最小単位**」です。音素は、/ /という記号の中に入れて表示します。そして「音声記号」と同じように、アルファベットを借用した「音素記号」もあります。

　同じ記号を使っていても、/s/と表記されれば「音素」であり、[s]という表記であれば、「無声歯茎摩擦音」という「音声」だという意味になります。

　次に、[saka]と[θaka]ではどうでしょう?

　[s]と[θ]という音の違いはわかったとしても、どちらも「坂」と聞こえ、違う語にはなりません。

　意味を弁別しないが、しかし同じ音のグループに入るだろうと考えられる音を、その音素の「**異音**」といいます。日本語において、[s]と[θ]という音の違いは、意味の違いをもたらさず、同じ音素/s /の「異音」ということになります。

　しかし英語では、[s]と[θ]の音の違いは、[sɔːt] sort と [θɔːt] thought という語の違いをもたらすので、英語においては、[s]と[θ]は、違う音素である、/s /と、/ θ /ということになります。

　第6章で解説した、撥音「ん」は、実はたくさんの音で発話されており、日本語においてはすべて「ん」というかなで表記され、語の意味を変えないので、同じ音だと認識されていました。まさに、撥音「ん」という表記でひとくくりにされていた音は、ここで述べられているような「異音」と言えるでしょう。

　そして、同一音素における「異音」は、[s]と[θ]などのように、特に条件もなく自由に出現するものは「**自由異音**」。撥音「ん」のように、ある条件(環境)下のもとに現れる異音は「**条件異音**」と呼ばれています。

7-3 ▶ 日本語の音素

　ここで、日本語の音素についてまとめてみましょう。音素を設定する方法、また音素区分に関しては諸説あるので、ここでは割愛します。ごく一般的な日本語の音素を理解しておくことにしましょう。

① 母音音素:
/ a /　/ i /　/ u /　/ e /　/ o /

② 子音音素:
/ k /　/ g /　/ s /　/ z /　/ t /　/ d /　/ n /　/ h /　/ p /　/ b /　/ m /　/ r /
(破擦音の / c / や、鼻濁音の / ŋ / を加えることもあります)

③ 半母音音素:
/ y /　/ w /

④ 特殊音素:
撥音 / N /　促音 / Q /　引く音 / R /
(長母音の後半である「引く音」に音素設定をすることには異議もあるようです)

　音素設定や音素区分の詳細に関しては、巻末の参考文献の音韻論関連の書籍を読んでみてください。
　ちなみに、どんな言語でも音素はだいたい20個前後になると言われています。

8 / 拍と音節

　和歌や俳句、川柳や街の看板の標語などの「五・七・五・七・七」はどういう単位なのでしょう。日本語話者は、拗音を除く、ひらがな1文字を、「1つの音」だと認識していることは第5章でも書きました。この章では、日本語話者は日本語の音をどのように数えているのか、何を基準としてひとつの音の単位として認識しているのかを解説していきます。

8−1 ▶ 拍

　日本語の「か」という音は、[k]という子音と、[a]という母音という、2つの「単音」によって構成されていますが、日本語話者はこれを連続したひとかたまりとして認識しています。これを**「拍」**または**「モーラ」**といいます。（ここでは「拍」と「モーラ」は同じ意味だと考えていいです8)）

　基本的に、「拍」は「かな一文字」に相当しますが、拗音における小さい「ャュョ」は、前の文字と一緒にしてひとつと考えます。「きゃ」でひとつの拍を形成します。また、「撥音」の「ん」、促音の「っ」、そして引く音「ー」もすべてひとつの「拍」です。

　まとめると以下のようになります。
① V（母音）のみ
アイウエオ
② CV（子音と母音の組み合わせ）、
カ行その他の直音、拗音
③ 撥音、促音、引く音などの特殊音素
「ン」、「ッ」、「ー」

---

8 ラテン語の「モラ」から来ています。もともとは詩における韻律を表す用語だったようです。

さらに、ひとつひとつの拍は同じ長さで発話されると日本語話者には認識されていますが、実際には、次に説明する「音節」のようなまとまった単位で発話されているので、拍がすべて等時間で発話されることはなく、**「拍感覚」**とか**「拍の等時性」**と呼ばれています。

8-2　音節

　「拍」とは違って、実際に発話される際の、「切れ目のない単音またはひとつづきの単音の連続、また、ひとまとまりで発話される音声的な単位」のことを、**「音節」**(syllable)といいます。
　ただ、「音節」をどのように定義するのか[9]、どのように音のまとまりを区切るのか[10]については、研究者によってさまざまで、明確な定義がないようです。

　この本では、聞こえの大きい音である母音、そしてその母音と子音の組み合わせ、さらに特殊音素との組み合わせにより、「音節」を記述していきたいと思います。

　日本語における、「拍」との違いを明確にして「音節」をまとめると以下のようになります。
① V（母音）、CV（子音と母音の組み合わせ）
ア行と、カ行その他の直音と拗音
② 上記①と、特殊音素の組み合わせ
「サン(タ)」、「買っ(た)」、「カー(ド)」

　ここで「拍」と「音節」について、そしてその違いをもう一度見ていきましょう。
　たとえば、「日本」という漢字は、「にほん」と「にっぽん」という2つの読み方がありますが、「にほん」と読んだ場合は、3拍になり、「にっぽん」は4拍になります。拍の数え方は大丈夫ですね。

　では、「音節」で考えてみましょう。
　「にほん」の場合、上記①である「に」と、②の「ほん」という2つの音節で構成されている。「にっぽん」の場合は、上記②である「にっ」と、同じく②の「ぽん」の2つの音節であると考える。

　次に、「拍」と「音節」の違いです。
「ニューヨーク」という日本語の音は、拍で数えると、「ニュ」、「ー」、「ヨ」、「ー」、「ク」の5つです。

---

[9] 鹿島（2002）では、音声的な音節と音韻的な音節とを分けています。
[10] 生理学的な呼気の強さや、音響的な聞こえ度などいくつかのアプローチがあります。

音節は「ニュー」、「ヨー」、「ク」の3つです。「ニューヨーク」という発話は、「5拍」／「3音節」となります。「印鑑」の拍は、「い」、「ん」、「か」、「ん」の、4つ。音節は、「いん」、「かん」という、2つになります。

違いがわかりましたか？私たち日本語話者は、まず字面で考える抽象的な「拍」という単位で音を捉え、実際は、ひとまとまりの音である「音節」で発話していると言えます。

ただし、先ほども書いたように、「音節」にはさまざまな考え方、区切り方があり、一筋縄ではいきません。

たとえば、「英語」、「映画」という単語をどう読むでしょうか？ふりがなでは、それぞれ「えいご」、「えいが」となり、「3拍」／「3音節」と数えることができるでしょう。

しかし実際は、「えーご」、「えーが」といった音で発音されることが多く、「えい」の音が「え」という単音に、引く音がセットになった「えー」という、ひとつの「音節」のように聞こえます。

つまり、どちらも「3拍」／「2音節」ということになります。

この辺りは、先ほどのページの注にあるように、「えーご」を音声的な音節、「えいご」を音韻的な音節と、分けて捉えておいた方がいいかもしれません。

「モーラ音素」：
「7-3 日本語の音素」で、④特殊音素として解説した「撥音」と「促音」は、音声学的には1音節をなさないが、音韻論的には等時性を持ち、1モーラ／1拍と数えられるので、「モーラ音素」とも呼ばれます。

8-3 母音の連続

私たち日本語話者は、母音をひとつひとつ連続して発話します。いわゆる「単母音」の連続であり、**連母音**と呼ばれます。これは英語などに見られる**重母音**とは異なります。

英語の"I"と、日本語の「愛」の発音は違います。前者は「2重母音」で後者は「連母音」です。「重母音」とは、2つの母音で構成されていますが、ひとつの母音であり分離できないものをいいます。

「重母音」である"I"は、「ア」から始まり、調音の途中で音質が変化し、「イ」で終わるひとまとまりの音です。それに対して日本語の「愛」は、単母音の「ア」と「イ」が連続する「連母音」で、明確に2つの拍、つまり別の音として認識されています。日本人が英語の発音が苦手というのはこういうところにも原因があるわけですね。

「アイラブユー」は、日本人は2拍ずつに区切られた「6つの音」の連なりによって発音され、イングリッシュネイティブにとっては、3つの音節の連なりというわけです[11]。

　前出、猪塚(2003)に、「王を追おう」というとても面白い例文が紹介されています。「王を追おう」という文は、実はすべて単音[o]の連なりです。日本語の発音があまり得意ではない外国の人にとってはかなり難しいと思います。
　私たちはこの文を、「短母音」と、「引く音」とセットの「長母音」、そして声門閉鎖音である[ʔ]とを組み合わせて、[oːoʔoʔoː]といった具合に発音しているのです。

8−4　フット

　「拍」は、日本語の発話の基本的な単位ですが、その「拍」を2つずつにまとめて、発話のリズムを安定させています。語を省略する際には顕著です。
　その2拍のまとまりを「フット」といいます。田中真一・窪薗晴夫『日本語の発音教室』にそれらの実例がまとめられています。
① 語の短縮:リモコン、ワープロ、セクハラ、プリクラ、あけおめ、ことよろ、キムタクなど、いくつもの例が挙げられますね。
② 曜日:私たちは、「げつ」、「かー」、「すい」、「もく」、「きん」、「どー」、「にち」のように、曜日を2拍で発話する傾向にあります。発話文でも、「毎週、火・土は、忙しいんです」や、「金・土・日なら空いてます」のように、曜日を2拍でリズムをとっています。ただし「土日」の場合は「どにち」と発話していることもあります。(「火木」を「かもく」とは言いませんが)
③ 数字の伸長:電話番号、たとえば「052-221-3354」は、「ぜろ、ごー、にー、にー、にー、いち、の、さん、さん、ごー、よん」と読むと思います。ハイフンの「の」以外は、すべて2拍のまとまりです。
　小数点を含む数字の読み方も面白いです。「2.5 センチ」は「にー、てん、ごセンチ」で、小数点以下は2拍にはなりません。「5.2 キロ(km)」は、「ごー、てん、に、キロ」ですね。
④ 数字の短縮:28、29、30 を連続し、リズムよく読んでみると、「にじゅ、はち」、「にじゅ、きゅ」、「さん、じゅう」と拍を揃えています。
⑤ 惑星:「すい、きん、ちか、もく、どっ、てん、かい、めい」、これはもう、リズムを揃えて読みやすくして(語呂合わせ)、覚えやすくしているのだと思われます。

---

11 ちなみに、日本人の発音では「アイラブユー」の「ラブ」の発音は "rub" という単語の音に聞こえます。第5章で述べたように "love" "l" の音は「弾き音」[r]で発音され、"v" の音は[b]の破裂音で発音されるので「私はあなたをこする」になってしまいます。

9 / プロソディ

　第6章までは、人間の言語音を構成している単音、最小の音のレベルで解説してきましたが、この章では、その単音がいくつか組み合わさって「ことば」を構成したときに現れる「韻律」のことを解説していきます。

　私たちの言語音は、ただ単音が並んでいるのではなく、その単音の連続が音声として特徴を持ちます。その特徴のことを「韻律的特徴(prosodic features)」と言います[12]。

　その主なものが、以下に説明する「アクセント」「イントネーション」「プロミネンス」「ポーズ」などです。ひとまずひっくるめて「プロソディ」と覚えておきましょう。これらは、音の高さや大きさ、長さや音質といったものに関わっています。では、ひとつひとつ見ていきましょう。

9−1 ▶ アクセント

1)アクセントとは

　「雨」と「飴」という二つの単語を発話してみましょう。

　どちらも「あめ」と読みますね。ふりがなも表記上は同じです。単音で見ても [ame]と、[ame] という同じ音が並んでいます。しかし、発話してみると何かが違います。単音が違って意味が違う単語になっているわけではなく、同じ単音が並んでいるにもかかわらず私たちは違う単語だと認識できます。

　同様に「橋」と「箸」を発話してみましょう。

　やはり、同じ単音が並んでいるのに、違いますね。何がその違いをもたらしているのでしょう。何をもって違う単語であると認識しているのでしょう。

　ゆっくり1拍ずつ発音するとわかります。

---

[12] 鹿島(2002)など。

「雨」という場合は、最初の「あ」を高く、「め」を低く読んでいます。「飴」の場合は、「あ」を低く、そして「め」が高くなっています。この「高・低」の違いによって、違う単語だと認識されます。どこを「高く」読むか、どこを「低く」読むかの違いによって意味の違いがもたらされています。

　これがアクセントです。日本語はこのように「高・低」の違いによって意味の違いをもたらされる「ピッチアクセント」です。

　では、英語ではどうでしょう。

　present という単語があります。この語が、「現在の」という意味の形容詞や、「プレゼント(贈り物)」という名詞として使われる場合は、最初の母音[e]に強勢を置きます。

　具体的には、その部分を「強く」、「高く」、「長く」(またはそのどれかで)発音します。ストレスをもって発音する、そこにストレスを置く、とも言います。

　もし2番目の[e]にストレスを置けば、動詞としての意味になります。「贈り物をする」「提案、提出をする」という意味の単語になります。(いわゆる、プレゼンをする、ですね)英語では「ストレスアクセント」によって意味の違いがもたらされています。

2)アクセントの地域差

　ただ、先ほどの「橋」と「箸」の違いに違和感を覚えた人もいるかもしれません。「橋」は「は」を低く始めて、「し」が高くなります。「箸」は最初の「は」が高く、「し」が低くなっています。しかし、なんとなく『自分は「橋」も「は」が高いぞ』と思った人がいるかもしれません。たぶん関西出身の方ですね。アクセントには地域差、方言差が存在します。

　ちなみに、私は名古屋の学校で教え、学生にはその周辺の出身が多いので、ちょっと意地悪な質問をします。『みんな、「靴」をどうやって読む?』

　たいていの学生は「く」を高く、「つ」を低く読みます。しかし、標準語(共通語)では、「靴」は「く」が低く、「つ」が高いです。まさに、『標準語をしゃべっているつもりが、方言がバレバレ』なのです。このことを認識していない愛知県民、岐阜県民は多いと思います[13]。

　アクセントとは「個々の語に固有の、拍ごとに定まっている高低の配置によってもたらされ、地域差のあるもの」と言えます。さらに、その高低差はひとつ前の拍より高いか低いかという相対的なものであって、物理的な音の高低ではありません。

13　ちなみに、私は方言を否定するつもりはなく、誰もが標準語を喋るべきだとも思っていません。むしろ個人的に方言はとても大切だと思っています。ある地域に根ざして暮らし周りの人とコミュニケートしていれば、自然とその地域の方言に同化していくはずです。また怒りや悲しみ、喜びといった感情を表現する際に方言が出るのはごく自然なことです。他にも、「ありがとう」の東名阪のアクセントの違いなどをよく授業でやります。3つの違い、わかりますか?

3）アクセントの機能。

　次に、アクセントはどういう働きをしているか。

① アクセントは、語の意味の区別に関与しています。これを「**弁別機能**」と言います。
「換気」と「乾季」というような具合です。

　そして、1拍の語にもアクセントはあります。「気になる」と「木になる」の違いは発話するとわかりますね。ただし、「同音異義語」という言葉もあるように、単音が同じように並び、同じアクセントなのに、違う単語もあるので厄介です。

　たとえば、「医師」と「意志」など。これは前後の文脈によって判断するしかありません。（「汚職事件」と「お食事券」など、複合語でもありえます）

② もうひとつのアクセントの機能は「**統語機能**」です。アクセントは個々の語に存在するので、ひとつの語であるのか二つの語が連続しているのかなど、文中における語の配置がわかります。たとえば、「死んでいません」なのか、「死んで、いません」の違いです。

　前者が「低高高高高高低」で発音されるのに対し、後者は「低高高低高高低」と発音され、前者が「死ぬ」という語の「テイル形」の「丁寧形」で「否定形」としてひとまとまりであるのに対し、後者は「死ぬ」という語の「テ形」と、「いない（存在しない）」という語の「丁寧形」という、2つの語の連続であることがわかります。

　以下のような3つの発話例を見てみましょう。
「今、本山」（名古屋市にそういう名前の地下鉄の駅があります）
「今も、富山」
「今元山」（という名前の山だと思ってください）
　どれもひらがなで書けば「いまもとやま」という音ですが、それぞれ発話するとわかるように、高低の違いによって、どこが切れ目なのか、文の構造の違いがわかります。

4）アクセントの型

　アクセントは語に固有ですが、どういう単語がどのような高低のアクセントなのかという決まりがあるわけでもなく、かなり恣意的なものです。ただし、一定の型のようなものはあります。いわゆる標準語（共通語）と呼ばれている「東京式アクセント」（東京方言）におけるアクセントの型を以下に紹介します。

① 第一拍目と第二拍目は高さが異なる。
　たとえば「大雨」という語を発話すると、「引く音」が入っているので、「高高高低」のように聞こえるかもしれませんが、ゆっくり1拍ずつ発話すると「低高高低」になっているのがわかります。

② アクセントのパターンは拍数より1つ多い。

　最初の方で「箸」と「橋」の高低差について書きましたが、同じ単音の「橋」と「端」はどうでしょう？どちらも「低高」という同じアクセントでしょうか。

　「橋を歩く」、「端を歩く」の2つを比べてみましょう。なんとなく違いますね。

　これは後続する助詞のところまで「高低」の違い、アクセントの違いが関係してくることを示しています。「橋を」の方は、助詞の「を」は低くなり、「端を」の方では、「を」は高いままです。他にも、「花」と「鼻」は同じ「低高」のアクセントですが、「花がない」と「鼻がない」では違うことがわかります。後続する助詞の高低まで考えると、アクセントのパターンは、n（拍数）プラス1ということになるのです。

③ アクセントが「高」から「低」へ下がるところを「アクセントの滝」と呼びますが、東京方言では、この下り目が1箇所しかない、もしくは1つもないことがある。よって、「高低高」といったパターンは存在しない。

　以上のことから、東京方言のアクセントの型は次のように分類できます。

・**平板式**：下り目がない。（助詞などが後続しても下がらない）
・**起伏式**：下り目がある。

　さらに、平板式には「平板型」の1種類しかありませんが、起伏式には拍数に応じて3つの型が存在します。

平板型：高くなった後、低くなることがない。
気（が）、鼻（が）、桜（が）、友達（が）
頭高型：最初の拍が高く、次から低くなる。
木（が）、雨、緑、毎日
中高型：3拍以上の語で、途中の拍から低くなる。
卵、コーヒー、図書館
尾高型：助詞などが後続すると、そこから低くなる。
橋、犬、男、半年

5)アクセントの核

　たとえば「たまご」のような「低高低」のアクセントでも、そこに「低高」の「この」という言葉がつけば、「このたまご」のように、「低高高高低」になり、本来低く始まるべき「た」の拍が高くなってしまいます。しかし、「このお菓子（低高高高低）」「このバナナ（低高高低低）」のように低くなるところは変化しません。したがって、変化しない「下り目」に注目して、次の拍が低くなる高い拍のところに「アクセントの核」がある、というように考えます。「おかし」は、「か」の拍に核があり、「バナナ」は「バ」のところに核がある、と言えます。

アクセント核の有無、そしてあるとしたらどこにあるか、それによってアクセントの型を分類し、表記することができます。

ここまで書いてきたように、「ともだち」のアクセントを「低高高高」と書くこともできますが、「友達」は平板型でアクセント核がないので「友達 0（ゼロ）」と表記することができます。

「毎日」なら最初の拍に核があるので「毎日 ①」という具合です。

また、外来語などは後ろから3番目の拍に核があることが多いので、後ろから数えて何番目の拍に核があるかという、マイナスの符号をつけた数字で表すこともできます。

「バナナ −3」、「オレンジ −3」などです。

ぜひ手元の辞書などで、どのようにアクセントが表記されているか確認してみてください。

6）複合名詞におけるアクセント

たとえば、「大雨」のアクセントは、「低高高低」でした。「警報」は「低高高高」です。

しかし「大雨警報」という複合語になると、「低高高高高低低低」になります。「名古屋」は「高低低」で、「駅」は「高低」ですが、「名古屋駅」というひとまとまりの名詞になると、「低高高低低」です。複合名詞のアクセントは、後部要素の拍の数によってかなり規則性が見られます。[14]

たとえば、後部要素が2拍以下であれば、直前がアクセント核になります。「港区」低高高低、「名古屋市」低高高低、などです。

ただし、特殊拍や母音連続の後部が「い」の場合は、アクセント核になりにくいので、ひとつ前にずれます。たとえば、「懇親会」は「会」が後部要素なので、その直前が核となるはずですが、そこが撥音の「ん」なので、そのひとつ前にずれて、アクセントは低高高低低低となります。

7）「形容詞」や「動詞」のアクセント

形容詞のアクセントは、名詞に比べて単純です。語の長さに関わりなく、以下の2種類しかありません。ただし形容詞は活用するので、活用形によっては変わることがあります。[15]
・語末から2拍目：「あおい（青い）」低高低、「あつい（暑い）」、「にがい（苦い）」など。
・平板型：「あかい（赤い）」低高高、「あまい（甘い）」、「あかるい（明るい）」など。

動詞のアクセントも、「語末から2拍目」と「平板型」です。活用形における違いは、ほぼ形容詞の場合と同じです。
・語末から2拍目：「みる（見る）」高低、「はなす（話す）」、「よろこぶ（喜ぶ）」など。
・平板型：「いく（行く）」低高、「うたう（歌う）」、「はたらく（働く）」など。

---

[14] 詳しくは、田中・窪薗(1999)などを参照してください。
[15] 同上

1)イントネーション

　アクセントは「語に固有の高低の配置」であり、その「高低」の違いにより、意味の違いがもたらされましたが、単語を超えたレベル、文単位でも「高低」の違いによって、さまざまな違いが生じています。

　たとえば、単に「雨」という場合と、「雨！」と驚いたり、「雨？」と問いかけたり、うんざりした様子で「あめ〜」と語尾を伸ばしたりする場合とでは発話の意図が違うことがわかります。
　その言葉の本来の意味である「言語的情報」のみならず、「話し手が表したい意味」、つまり「パラ言語情報」を、発話文末の高低の違いによって伝えているとも言えます。
　これが「イントネーション」です。(イントネーションを「音調」と呼ぶこともあります。文に現れるので「文音調」とも言われます)

　詳細に観察すれば「高低」の違いだけではないのですが、いわゆる「抑揚をつける」のが主な変化と言えます。「文全体の抑揚」とも言えるかもしれません。
　たとえば、「おはようございます」という発話に対して、最後の「す」の音を伸ばし、その伸ばした最後の部分を上げながら「おはようございます〜？」と返答すれば、『今、何時だと思ってるんだ！』といった言外の意味が含まれているように感じます。

　またイントネーションが発話文中の高低の違いと言っても、アクセントの高低に影響を与えることはありません。単に「雨」という場合と、疑問文として「雨？」という場合を考えてみましょう。
　「雨」という語の固有のアクセントである「高低」を守って、いったん「め」の拍で下がりますが、そこからまた疑問をあらわす上昇調で問いかけの意味を伝えます。
　語に固有の高低の違いがアクセントで、語を超えたところにある高低の違いがイントネーションとも言えます。

2)イントネーションの分類
　イントネーションがどういう機能を持っているかという分類があります。
・「質問、疑問、確認、命令、依頼、提案、納得」などの発話者の意図を表すための決まったパターンによってパラ言語的情報を表す。
・怒り、悲しみ、喜びなどの感情を表したり、動揺して声が上ずってしまうとか、つっかえたりするなど心理的な情報を表す。

・性別や年齢、方言、ある職業に顕著な抑揚のパターン（バスガイドさんなど）、またその言語に特有の抑揚（最後から二番目の拍を強調するとイタリア語のように聞こえる）など、非言語的情報を表す。

　または、実際にどのように高低差が出ているのかによっても分類できます。主なものを以下に書きます。

・疑問文における文末の「上昇」
・断定するときの「非上昇」
・ガッカリしたり、驚いたときの「下降」
・そのまま続けるときの「平坦」
・全体的に高かったり、低かったりするようなパターン

3) 自然下降（declination）

「ゾウとカバとサルがいた」と発話してみましょう。

　3つの単語のアクセントはすべて頭高型ですが、ひとまとまりの「文」として発話する場合、3つの単語の最初の音の高さはすべて同じではなくなっています。これを自然下降と言います。平叙文では、何かをごく普通に述べているとき、文末にいくに従ってだんだん下降していきます。自然下降がない言語もありますが、これは世界のさまざまな言語に存在する特徴です。

　他にも、さまざまにイントネーションの機能が分類されていたり、異なるパターンの研究もされています。イントネーションは、簡単に把握することのできない、とても興味深いものとも言えます。ぜひ参考文献[16]などで詳細を読んでみてください。（73ページのコラムも参照してください）

16　鹿島（2002）第3章など。この本のイントネーションの記述も、こちらを参照しています。

9−3　プロミネンス、ポーズ

▶ プロミネンス

「プロミネンス」とは、文中におけるある部分を際立たせることです。

たとえば、「昨日新幹線で東京へ行きました」という発話を、以下のような質問に答えると想定した場合、どのように発話するでしょうか？

①「先生、いつ新幹線で東京へ行かれたんですか？」
②「先生、昨日どうやって東京へ行かれたんですか？」
③「先生、昨日新幹線でどちらまで行かれたんですか？」

おそらく、①の場合は「昨日」の部分を、②の答えであれば「新幹線で」を、③の質問に答えるなら「東京へ」の部分を強調して答えるはずです。

このように、話し手がより強調したいことに焦点を当て、イントネーションを変えたり、またはポーズ（間）を置く、声の強弱、話すスピードなどを変えて際立たせることで、聞き手はそこにプロミネンスが置かれている、ここは話し手が強調したいことなのだ、と聞きます。これがプロミネンスです。（スピーチのテクニックとしても有効です）

プロミネンスは「卓立」とも呼ばれ、他の語との対比が多いので「対比強調」とも呼ばれることがあります。

▶ ポーズ

ポーズとは、いわゆる「間」のことです。音声の途切れや休止であり、発話における構文上の重要な切れ目を示し、文の終わり、句の終わりなどがそれによって示されます。[17]

ポーズの部分を削除したテープを聞かせると、聞き手の発話理解の度合いが低かったという実験報告もあるくらいで、ポーズは聞き手が発話の内容を理解するために重要な役割を果たしていると言えます。

もちろん、息継ぎのためにも必要であり、文法的な切れ目にポーズを利用して息継ぎをしているとも言える。

さらに、落語や漫才、コントなど「話芸」においてはこの「間」が重要になります。このポーズの有無や、どのようにポーズを入れるかによって発話文の印象がかなり変わります。

---

[17] 斎藤純男『日本語音声学入門[改訂版]』、三省堂、2006 年、P141 など

COLUMN ⑥

「あったかい？」

　本章「プロソディ」で、日本語は高低アクセントだと書きました。イントネーションも高低です。日本語は、微妙な音の高低の違いによって意味の違いがもたらされていることを学びました。

　実例を見てみましょう。「あったかい」という単音の連続があるとします。カッコ内の意味になるように発話し分けてみてください。

- あったかい　　（部屋が暖かい）
- あったかい？　（上の文の疑問文）
- あったかい？　（探し物があったかどうか聞いています）
- あったかい　　（探し物が見つかってよかったね、という気持ち）
- あったかい！　（バーゲンだと思って行ったのに、実は安くなってなかった）
- あったかい？　（値段が高いかどうか確信が持てなくて聞いてます）
- あったかい？　（会えたのかどうか聞いています）
- あったかい！　（高井君が思わぬところを歩いてます）
- あったかい？　（「イ」の札を探しています）
- あったかい！　（「貝」があったと叫んでいます）
- あったかい　　（架空の話ですが、「アッタ」という名前の貝があったとして）

　他にもまだまだありそうですが、実に興味深いですね。

　音の高低だけではなく、どこをどう区切るか、またはどの音を伸ばすかなど違いはいろいろありますが、こういった微妙な音の違いで意味が変わっていること、私たちは発話し分けていることを理解してもらえたでしょうか。

　上記は意味の違いをもたらす例をあげましたが、ただ単に「暖かい」という意味だけをとっても、絶叫している場合やボソッと言っているとき、しみじみ発話するときなど、イントネーションによって、実にさまざまな発話者の意図の違いが感じられると思います。

　第4章で「IPA」、「音声表記」について学びましたが、単音の羅列ではわからないことがたくさんあります。上記のような発話の違いを表記する記号はさすがにありません。

　「音声」って面白いですね。

10/ その他

この章では、その他の「日本語の音声」に特徴的なトピックを、いくつか解説していきます。

10-1 連濁

　日本語には、たとえば海に棲む亀のことを、「うみ」と「かめ」を繋げて複合語を作り、「海亀(うみがめ)」と表現しますが、その際に「か」の音が「が」に変わります。人の名前にも多く見られ、「徳川(とくがわ)」という苗字は、本来「とく」と「かわ」という音であるにもかかわらず、つながると、やはり「か」が「が」になっています。

　これを**連濁**と言いますが、これは音声的にどのようなメカニズムが働いているのでしょう。以下、**窪園晴夫『日本語の音声』**の中の連濁の解説を参考にしています。詳細が知りたい人はぜひ読んでみてください。

1)まず、連濁というのは、AとBの二つの語が連結される場合に、Bの語の音節が清音から濁音へと変わる現象のことを言います。具体的には以下のような形です。

　　うみ＋かめ　→　うみ**が**め　　　　k　→　g
　　こばん＋さめ　→　こばん**ざ**め　　　s　→　z

音声現象としては、基本的には母音に挟まれた無声子音が有声化する現象です。
［−voice］　　　→　　［＋voice］　　（voiceというのは「声」があるという意味です）
Ｖ　Ｃ　Ｖ　　　→　　　Ｖ　Ｃ　Ｖ
第5章で、「**母音の無声化**」について解説しましたが、その逆の現象ですね。

2)英語においても同様の現象があります。"voiced't"（tの有声化）と言います。たとえば以下のような例です。water, shut up など。英語の読み方をカタカナで書くのは本来の音から離れてしまいますが、あえて書くなら、water は、「ウォーター」ではなく「ワーラ」、shut up は、「シャッ

トアップ」ではなく、「シャラップ」のような発音ですね。

　[t]の音がタ行というよりラ行の音のように発音され、有声になっています。

　つまり、連濁という現象は、日本語の特性というわけではなく、一般的な「同化現象」のひとつといえるでしょう。

3)次に、固有名詞における連濁の例を見ていきましょう。

　徳川家康、野口英世、島崎藤村など、たくさんの例が思い浮かびますが、基本的には母音に挟まれた無声子音が有声化する現象であるなら、なぜ「とぐがわ」ではないのか？

　実は、連濁は複合語後部要素の頭の子音だけに適用する規則であり、すべて有声化した「どぐがわ」のほうが音声的には発音しやすいですが、「とく」と「かわ」の本来の音を保ちたいという力（忠実性の原理）と、発音を楽にしたい同化の力の双方が働いているわけです。

4)次に、連濁と語種の関連を見ていきましょう。語種とは、日本語に存在する「和語」「漢語」「外来語」です。たとえば、外来語や漢語で連濁現象が起きるかどうか、試してみましょう。
デジタル＋カメラ→×デジタルガメラにはなりません。
市民＋ホール→×市民ボールにもなりません。
総合＋司会→×そうごうじかいにはなりません。

　以下、和語と漢語の例で連濁の有る無しを見てみましょう。左が和語／右が漢語です。
　桜貝／茶話会、みなし子／琵琶湖、ゼンマイ仕掛け／総合司会、金目鯛／団体
　（例外もあります、食用菊、文庫本、比叡山、白砂糖、株式会社、猿蟹合戦、砂糖菓子など）

　すでに日本語に取り入れられて久しい漢語は和語と同じようにみなされているのかもしれません。以上のように、連濁は和語で一番起こりやすく、漢語では部分的、外来語ではほとんど見られないということが言えます。

　実はもともと、日本語には語頭に清濁の対立がありませんでした。　だから、「うみかめ」とただ単語を並べただけだと、「海」と「亀」のことなのか、それとも「海亀」なのかがわかりません。「うみかめ」を「うみがめ」と発音することにより複合語であることがわかるわけですね。

　反対に、外来語（漢語も含む）には、最初から語頭に清濁双方ありました。「ホール」と「ボール」という、語頭の清濁が違えば意味が違う単語があったのです。だから「市民ボール」にはなりません。

5)ライマンの法則：

　後部要素がすでに濁音を含んでいる複合語では連濁は起こりにくいようです。

これを「**異化現象**」OCP（obligatory contour principle、必異原理）といい、たとえば次のような例があります。あかふだ（赤札）、「あか**ぶ**だ」にはなりません。あいかぎ（合鍵）、「あい**が**ぎ」ではない。（例外「はしご」→縄梯子「なわばしご」など）

　前部要素がすでに濁音を含んでいる場合は少々厄介です。連濁を起こす時と起こさない時があるようです。

長嶋（ながしま）、永田（ながた）、藤田（ふじた）：前部要素が濁音を含んでいて連濁なし。

長渕（ながぶち）、溝口（みぞぐち）、窪園（くぼぞの）：前部要素が濁音を含んでいて連濁あり。

6）次に連濁の有る無しが「意味」構造に違いをもたらすのか見てみましょう。以下の例には明らかな意味の違いがあります。

a、読み書き、好き嫌い、飲み食い、行き帰り

複合語のそれぞれの語が「並列構造」になっているので連濁なし。

b、宛名書き、食べず嫌い、やけ食い、日帰り

前部要素が後部要素を修飾するという複合語なので連濁あり。

　他にも、「くさき（草木）」と「くさばな（草花）」は、意味構造が違います。「草木」は連濁なしなので、「草」と「木」が並列に並んでいるという意味。「草花」は連濁ありなので、草に咲く花、もしくは花の咲く草という意味です。

　同じように、「猿蟹（かに）合戦」は、猿と蟹の戦いなので連濁なし、「タラバガニ（がに）」は、タラバという蟹の種類なので連濁あり。

　さて、ひな祭りに歌われる「五人囃子の笛太鼓」、これはなんと読むでしょう。連濁のあるなしで考えてみてください。

　答えは、五人で歌うお囃子なので、「ごにん**ば**やし」。笛と太鼓の並列なので「ふえ**た**いこ」。私が教えている学生、特に若い世代は発音のしやすさなのでしょうか、「ふえ**だ**いこ」と発音することが多いようです。

7）連濁と枝分かれ構造

　以下の二つの複合語を連濁のあるなしで判断して意味構造を図式化してください。（解答はこの章の最後のページにあります）

尾白鷲　　／　　紋白蝶

10-2　音便

　日本語には、「書く」が活用すると「書いて」と変化する「イ音便」。「打つ」が活用すると「打って」と促音に変化する「促音便」、また「住む」が活用すると「住んで」と撥音に変化する「撥音便」があります。この音便はどのような「音の変化」なのでしょう。

　動詞や形容詞は、活用によって形が変わらない「語幹」と、変わる部分「活用語尾」に分けることができますが、①類動詞（学校文法では五段動詞という名前の動詞）のほとんどは、以下のように「テ形」や「タ形」などの活用形で語幹末の子音が時代とともに変化していったのです。

イ音便
語幹末がカ行、ガ行の①類動詞は、語幹末の子音が脱落します。

辞書形	古典文法のテ形	テ形
書く（kak-u）	書きて（kak-ite）	書いて（ka□ite）
泳ぐ（oyog-u）	泳ぎて（oyog-ite）	泳いで（oyo□ide）

促音便
タ行、ラ行、ワ行の①類動詞は語幹末の子音が促音になります。

辞書形	古典文法のテ形		テ形
打つ（ut-u）	打ちて（ut-ite）→	（ut□te）	打って（utte）
散る（tir-u）	散りて（tir-ite）→	（tir□te）	散って（titte）
洗う（ara-u）	洗いて（ara-ite）→	（arah□te）	洗って（aratte）

撥音便
ナ行、マ行、バ行の①類動詞は、語幹末の子音が撥音になると同時に、「テ」や「タ」の子音が有声音になります。

辞書形	古典文法のテ形		テ形
死ぬ（sin-u）	死にて（sin-ite）→	（sin□te）	死んで（sinde）
住む（sum-u）	住みて（sum-ite）→	（sum□te）	住んで（sunde）
呼ぶ（yob-u）	呼びて（yob-ite）→	（yob□te）	呼んで（yonde）

　それぞれの音便が古典文法からどのように変化して現在の形になったのか理解できたでしょうか。（以上、松岡弘監修、庵功雄・高梨信乃・中西久美子・山田敏弘『日本語文法ハンドブック』、2000 年を参照）

二つの単語が結合してできる複合語では、しばしば「**母音の交替**」や「**連声**」などが見られます。「母音の交替」では、[e]と[a]、の交替が顕著です。「連声」は前部要素の子音と後部要素の母音がつながって発音されることです。

1)母音の交替の例

名詞:

- 雨、雨降り、大雨―雨宿り、雨漏り、雨脚
- 上、上下、上様 ― 上着、上靴、上役
- 爪、爪痕、爪切り―爪先、爪弾き、爪楊枝
- 風、北風、風通し―風上、風下、風車
- お酒、甘酒、酒飲み―酒屋、酒盛り、酒場
- お金、金持ち、金儲け―金具、金物、金槌

動詞:

上げる―上がる、下げる―下がる、すえる―すわる、伝える―伝わる、など。

以上は和語(訓読み)に見られる母音の交替であり、漢語(音読み)に見られる発音の区別とは違います。音読みにおける、中国語の発音の変遷と日本に伝えられた時期の違いによる変化は、例えば以下のようなものです。＜言語・発言、伝言・文言＞＜京都・東京、京浜・京阪＞＜西部・西洋、関西・東西＞など。

2)連声

「連声」とは、音節末の子音が後続母音にわたる現象のことを言います。

英語の"come on", "one out"など、多数の言語で見られます。フランス語では「リエゾン」として有名です。les＋enfants 「レ」と「アンファン」がつながると、「レザンファン」となり、普段発音されない前部要素の末子音が発音されるようになる現象です。

日本語でも平安・室町期における、三(sam)、山(san)、雪(set)のような、[m]、[n]、[t]終わりの漢字音があり、これに母音や半母音が後続すると、観(kan)＋音(on)が、観音(kannon)のようにマ行、ナ行、タ行になる現象がありました。

現代日本語にも、「三位一体」、「反応」、「雪隠」の「位」「応」「隠」のような読みが残っています。
(以上、松崎寛・河野俊之『よくわかる音声』、1998年を参照)

3) 音位転換(メタセシス)

　たとえば、雰囲気を「ふいんき」、舌鼓を「したづつみ」というような発話を聞いたことはないでしょうか？ひとつの単語の中の音素が位置を交換する現象です。

　決して最近の現象ではなく、古くは「新たに(あらたに)」「新しい(あたらしい)」に変わるなどがあります。秋葉原も、本来は「あきばはら」だったのが「あきはばら」に変化しています。

　幼児の発話において顕著なので、それに関する研究論文もたくさんあります。

4) 調音結合

　「調音結合とは、近接し合う音が互いに影響を及ぼす現象。たとえば、/sa / という音節は子音の /s/ と母音の /a/ の調音の一部が結合し、重なり合って発音される。この時、/s/ は後ろに来る母音の影響を受け、また、母音の/a/は前に来る子音の影響を受ける。

　日本語のか行の音節を /ki,ke,ka,ko,ku/ の順番で発音すると、後ろの母音の影響を受け、/k/ の調音点が次第に後ろへとずれていくことが実感できる。これらはごく自然な物理的現象であり、言語の普遍的性質であると考えられる。」[18]

　前後の音に影響を受けるということですね。そういった連続的な音声においては、きちんと発音されていない音(なまけ音)や、連続的な変化で不明瞭な音(わたり音)が生じることが多いようです。

＊＊＊

10－1、7)の解答:

　尾白鷲「おじろわし」は、「尾が白い鷲」、「尾が白い」という修飾節が、非修飾名詞「鷲」を修飾しているという構造なので、「おじろ」という連濁が現れます。

　紋白蝶は、「紋が白い」という修飾節が「蝶」を修飾しているわけではなく、「紋様」がある「白い蝶」という意味構造になっています。白蝶という名詞を紋が修飾しているので「もんじろ」にはなりません。

---

[18] 近藤ゆう子「日本語と英語の調音結合」『音声研究』第 3 巻第 2 号 1999 年 8 月 11~21 頁

参考文献

音声学全般：

・猪塚恵美子・猪塚元『日本語の音声入門』、バベル・プレス、2003 年：
私が音声学の授業で長年使っていたものです。日本語教師を目指す人向けの本で、音声学の知識がコンパクトにまとめられています。

・鹿島央『基礎から学ぶ音声学』、スリーエーネットワーク、2002 年：
私の大学院時代の恩師の本です。韻律レベルにおける解説が詳しいです。日本語教師を目指す人向けで、実際の日本語学習者の音声がたくさん CD に収められています。

・小泉保『改訂版　音声学入門』、大学書林、2003 年：
新しく改訂版が出ました。図版がふんだんに掲載されており、外国語の音も詳しいです。

・斉藤純雄『日本語音声学入門』、三省堂、1997 年：
外国語の音と日本語の音との比較、またアクセント・イントネーションなどの韻律レベルの解説が詳しいです。

・城田俊『日本語の音 ― 音声学と音韻論』、ひつじ書房、1995 年：
音韻論、特に音素設定に関して詳しく述べられています。

・竹林滋『英語音声学』、研究社、1996 年：
題名は英語音声学ですが、音声学の基本を詳細に解説しています。本書の内容をもっと深く知りたい方に、詳細な参考文献としてお勧めします。

・田中真一・窪薗晴夫『日本語の発音教室』、くろしお出版、1999 年：
日本語学校での実際の音声教育に即して書かれた本で、現場で役立つスキルも、多く楽しく読めます。

・松崎寛・河野俊之『よくわかる音声』、アルク、1998 年：
日本語教育能力検定試験の出題内容に沿って、日本語音声の詳細が書かれています。

その他:

・平原達也・蘆原郁・小澤賢司・宮坂榮一『音響学入門シリーズ A-3 音と人間』、コロナ社、2013年:

　本書の中でも紹介した音響学の入門書です。他のシリーズも興味深いです。

・F.H.マティーニ他『カラー人体解剖学』、西村書店、1996 年:

　とても詳しくてキレイな図・写真がたくさんです。お値段が高くて重たいのが難ですが。

・NHK 放送文化研究所編『NHK 日本語アクセント辞典』、NHK 放送文化研究所、1998 年:

　標準的な日本語の発音・アクセントについて、定番ですね。

・町田健・籾山洋介著『よくわかる言語学入門』、バベルプレス、1996 年:

　基本的な言語学の入門書です。著者も書いているように薄くて読みやすいです。

・庵功雄『新しい日本語学入門 第 2 版』、スリーエーネットワーク、2012 年:

　現代日本語を多様な切り口から分析した日本語論、日本語の全般的な理解のために。

・松岡弘監修、庵功雄・高梨信乃・中西久美子・山田敏弘『日本語文法ハンドブック』、スリーエーネットワーク、2000 年:

　日本語の文法についての解説が詳しい本です。小中校で習った学校文法ではなく、日本語を外国語として学ぶ際の文法書。

・船津明生『その声を変えなければ結果は出ない』、三恵社、2020 年:

　「声」というものに関してさまざまな角度から書いた、私の本です。学術書ではなく、一般向けの自己啓発的な本ですが、「声」のもつ不思議なパワーや、トレーニングによって「声」は変えられるなど、「声」の大切さを説く啓蒙書にもなっています。参考文献も充実しています。

THE INTERNATIONAL PHONETIC ALPHABET (revised to 2015)

CONSONANTS (PULMONIC)

	Bilabial	Labiodental	Dental	Alveolar	Postalveolar	Retroflex	Palatal	Velar	Uvular	Pharyngeal	Glottal
Plosive	p b			t d		ʈ ɖ	c ɟ	k g	q ɢ		ʔ
Nasal	m	ɱ		n		ɳ	ɲ	ŋ	N		
Trill	ʙ			r					R		
Tap or Flap		ⱱ		ɾ		ɽ					
Fricative	ɸ β	f v	θ ð	s z	ʃ ʒ	ʂ ʐ	ç ʝ	x ɣ	χ ʁ	ħ ʕ	h ɦ
Lateral fricative				ɬ ɮ							
Approximant		ʋ		ɹ		ɻ	j	ɰ			
Lateral approximant				l		ɭ	ʎ	L			

Symbols to the right in a cell are voiced, to the left are voiceless. Shaded areas denote articulations judged impossible.

CONSONANTS (NON-PULMONIC)

Clicks	Voiced implosives	Ejectives
⊙ Bilabial	ɓ Bilabial	' Examples:
| Dental	ɗ Dental/alveolar	p' Bilabial
! (Post)alveolar	ʄ Palatal	t' Dental/alveolar
ǂ Palatoalveolar	ɠ Velar	k' Velar
‖ Alveolar lateral	ʛ Uvular	s' Alveolar fricative

OTHER SYMBOLS

ʍ Voiceless labial-velar fricative

w Voiced labial-velar approximant

ɥ Voiced labial-palatal approximant

ʜ Voiceless epiglottal fricative

ʢ Voiced epiglottal fricative

ʡ Epiglottal plosive

ɕ ʑ Alveolo-palatal fricatives

ɺ Voiced alveolar lateral flap

ɧ Simultaneous ʃ and x

Affricates and double articulations can be represented by two symbols joined by a tie bar if necessary.

t͡s k͡p

VOWELS

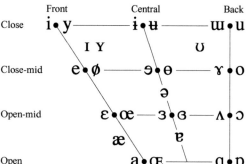

Where symbols appear in pairs, the one to the right represents a rounded vowel.

SUPRASEGMENTALS

ˈ Primary stress	ˌfoʊnəˈtɪʃən
ˌ Secondary stress	
ː Long	eː
ˑ Half-long	eˑ
˘ Extra-short	ĕ
| Minor (foot) group	
‖ Major (intonation) group	
. Syllable break	ɹi.ækt
‿ Linking (absence of a break)	

TONES AND WORD ACCENTS

LEVEL		CONTOUR	
e̋ or ˥	Extra high	ě or ˩˥	Rising
é ˦	High	ê ˥˩	Falling
ē ˧	Mid	e᷄ ˦˥	High rising
è ˨	Low	e᷅ ˩˨	Low rising
ȅ ˩	Extra low	e᷈ ˧˦˨	Rising falling
↓ Downstep		↗ Global rise	
↑ Upstep		↘ Global fall	

DIACRITICS
Some diacritics may be placed above a symbol with a descender, e.g. ŋ̊

̥ Voiceless	n̥ d̥	̤ Breathy voiced	b̤ a̤	̪ Dental	t̪ d̪
̬ Voiced	s̬ t̬	̰ Creaky voiced	b̰ a̰	̺ Apical	t̺ d̺
ʰ Aspirated	tʰ dʰ	̼ Linguolabial	t̼ d̼	̻ Laminal	t̻ d̻
̹ More rounded	ɔ̹	ʷ Labialized	tʷ dʷ	̃ Nasalized	ẽ
̜ Less rounded	ɔ̜	ʲ Palatalized	tʲ dʲ	ⁿ Nasal release	dⁿ
̟ Advanced	u̟	ˠ Velarized	tˠ dˠ	ˡ Lateral release	dˡ
̠ Retracted	e̠	ˤ Pharyngealized	tˤ dˤ	̚ No audible release	d̚
̈ Centralized	ë	~ Velarized or pharyngealized	ɫ		
̽ Mid-centralized	e̽	̝ Raised	e̝ (ɹ̝ = voiced alveolar fricative)		
̩ Syllabic	n̩	̞ Lowered	e̞ (β̞ = voiced bilabial approximant)		
̯ Non-syllabic	e̯	̘ Advanced Tongue Root	e̘		
˞ Rhoticity	ɚ a˞	̙ Retracted Tongue Root	e̙		

82

国際音声字母

子音（肺臓気流）

	両唇音	唇歯音	歯音	歯茎音	後部歯茎音	そり舌音	硬口蓋音	軟口蓋音	口蓋垂音	咽頭音	声門音
破裂音	p b			t d		ʈ ɖ	c ɟ	k g	q ɢ		ʔ
鼻音	m	ɱ		n		ɳ	ɲ	ŋ	N		
ふるえ音	ʙ			r					R		
はじき音		ⱱ		ɾ		ɽ					
摩擦音	ɸ β	f v	θ ð	s z	ʃ ʒ	ʂ ʐ	ç ʝ	x ɣ	χ ʁ	ħ ʕ	h ɦ
側面摩擦音				ɬ ɮ							
接近音		ʋ		ɹ		ɻ	j	ɰ			
側面接近音				l		ɭ	ʎ	ʟ			

記号が二つ並んでいるものは、左が無声音、右が有声音。
網かけは調音が不可能と考えられる部分。

子音（肺臓気流以外）

吸着音	有声入破音	放出音
ʘ 両唇	ɓ 両唇	' 例：
ǀ 歯	ɗ 歯（茎）	p' 両唇
ǃ （後部）歯茎	ʄ 硬口蓋	t' 歯（茎）
ǂ 硬口蓋歯茎	ɠ 軟口蓋	k' 軟口蓋
ǁ 歯茎側面	ʛ 口蓋垂	s' 歯茎摩擦

その他の記号

ʍ 無声両唇軟口蓋摩擦音	ɕ ʑ 歯茎硬口蓋摩擦音
w 有声両唇軟口蓋接近音	ɺ 歯茎側面はじき音
ɥ 有声両唇硬口蓋接近音	ɧ ʃ と x の同時調音
ʜ 無声喉頭蓋摩擦音	
ʢ 有声喉頭蓋摩擦音	二重調音と破擦音は、必要があれば、 2つの記号を ͡ で結合させて表すことができる。
ʡ 喉頭蓋破裂音	k͡p t͡s

母音

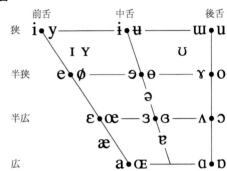

記号が二つ並んでいるものは、右が円唇、左が非円唇

超分節音

ˈ	第1強勢	ˌfoʊnəˈtɪʃən
ˌ	第2強勢	
ː	長い	eː
ˑ	半長の	eˑ
˘	特に短い	ĕ
|	小（フット）グループ	
‖	大（イントネーション）グループ	
.	音節の切れ目	ɹi.ækt
‿	切れ目のない	

トーンとアクセント

平ら		曲線	
e̋ または ˥	超高平ら	ě または ˬ	上がり
é ˦	高平ら	ê ˯	下がり
ē ˧	中平ら	e᷄ ˠ	高上がり
è ˨	低平ら	e᷅ ˡ	低下がり
ȅ ˩	超低平ら	e᷈ ˮ	上がり下がり
ꜜ	ダウンステップ	↗	全体的上昇
ꜛ	アップステップ	↘	全体的下降

補助記号　下に伸びた記号にはその上に付けてもよい。例：ŋ̊

̥ 無声化した	ŋ̊ d̥	̤ 息もれ声の	b̤ a̤	̪ 歯音の	t̪ d̪
̬ 有声化した	s̬ t̬	̰ きしみ声の	b̰ a̰	̺ 舌尖の	t̺ d̺
ʰ 有気音化した	tʰ dʰ	̼ 舌唇の	t̼ d̼	̻ 舌端の	t̻ d̻
̹ より丸めの強い	ɔ̹	ʷ 唇音化した	tʷ dʷ	̃ 鼻音化した	ẽ
̜ より丸めの弱い	ɔ̜	ʲ 硬口蓋化した	tʲ dʲ	ⁿ 鼻腔開放の	dⁿ
̟ 前寄りの	u̟	ˠ 喉頭化した	tˠ dˠ	ˡ 側面開放	dˡ
̠ 後ろ寄りの	e̠	ˤ 軟口蓋化した	tˤ dˤ	̚ 開放のない	d̚
̈ 中舌寄りの	ë	̴ 軟口蓋あるいは喉頭化した	ɫ		
̽ 中央寄りの	ě	̝ より狭い	e̝	(ɹ̝ = 有声歯茎摩擦音)	
̩ 音節主音の	n̩	̞ より広い	e̞	(β̞ = 有声歯茎接近音)	
̯ 音節副音の	e̯	̘ 舌根が前寄りに	e̘		
˞ r音化した	ɚ a˞	̙ 舌根が後ろ寄りに	e̙		

83

よくわかる！ 日本語の音声
―言語聴覚士のための「音声学」入門―

2019 年 5 月 1 日　初版発行
2022 年 4 月 1 日　改訂第 3 版発行

著　者　　船津 明生
発行所　　株式会社　三惠社
　　　　　〒462-0056 愛知県名古屋市北区中丸町 2-24-1
　　　　　TEL 052-915-5211　FAX 052-915-5019
　　　　　URL http://www.sankeisha.com